DER UN-MIGRATIONSPAKT

Was sagt er? Was bewirkt er?

mit einem Kommentar von
Harald Sitta

Alle Rechte vorbehalten. Kein Teil dieses Buches darf ohne vorherige schriftliche Genehmigung durch den Autor reproduziert werden, egal in welcher Form, ob durch elektronische oder mechanische Mittel, einschließlich der Speicherung durch Informations- und Bereitstellungs-Systeme, außer durch einen Buchrezensenten, der kurze Passagen in einer Buchbesprechung zitieren darf.

Autor und Verlag waren um größtmögliche Sorgfalt bemüht, übernehmen aber keine Verantwortung für Fehler, Ungenauigkeiten, Auslassungen oder Widersprüche.

1. Auflage
12/2018

© J-K-Fischer Versandbuchhandlung Verlag und
Verlagsauslieferungsgesellschaft mbH
Im Mannsgraben 33
63571 Gelnhausen Hailer
Tel.: 0 66 68/91 98 94 0
Fax: 0 66 68/91 98 94 1

Besuchen Sie uns im Internet unter
www.j-k-fischer-verlag.de
Dieses Buch wurde auf chlor- und säurefreiem Papier gedruckt.
Lektorat, Satz/Umbruch, Bildbearbeitung, Umschlaggestaltung:
J.K.Fischer Verlag
Druck der Broschur in Deutschland
ISBN 978-3-941956-89-6

Jegliche Ansichten oder Meinungen, die in unseren Büchern stehen, sind die der Autoren und entsprechen nicht notwendigerweise den Ansichten des J-K-Fischer Verlages, dessen Muttergesellschaften, jeglicher angeschlossenen Gesellschaft oder deren Angestellten und freien Mitarbeitern.

Inhaltsverzeichnis

5
Einführung

25
Kommentar

51
Globaler Pakt für eine sichere, geordnete und reguläre Migration
(in leicht gekürzter deutscher Übersetzung)

Einführung

Nahm in den Visionen einseitig wohlmeinender Gutmenschen der ›Flüchtling‹ bzw. Migrant bislang schon eine beinahe sakrale Stellung ein, soll er nun eine noch höhere Weihe erhalten. Denn um in der zum scheinbar wichtigsten Thema der Weltpolitik stilisierten Migrationsthematik den großen Wurf zu landen, treffen sich am 10. und 11. Dezember 2018 im marokkanischen Marrakesch die Staats- und Regierungschefs mit hohen Repräsentanten der Vereinten Nationen (UN), um den »Globalen Pakt für eine sichere, geordnete und reguläre Migration«[1] zu verabschieden. Mit diesem Pakt soll nun auch auf zwischenstaatlicher Ebene weltweit verankert werden, was in zahlreichen Staaten der westlichen Welt Regierungen und Nichtregierungsorganisationen (NGOs) den autochthonen Bevölkerungen aufnötigen wollen: die nahezu unbegrenzte Zuwanderung von Menschen aus der Dritten Welt (vor allem aus Afrika und Asien), die der Kultur ihres Gastgeberlandes größtenteils völlig fremd sind.

Diesen Migranten, die beschönigend auch ›Flüchtlinge‹ genannt werden, soll ein Recht auf Zuwanderung zwischenstaatlich verbrieft werden; und es soll dadurch den Bevölkerungen, in die sie eindringen, das Recht genommen werden, sich dagegen zur Wehr zu setzen. Letzten Endes soll durch solche Setzungen, wie sie der Globale Pakt vornimmt, der »große Austausch« – nämlich der alteingesessenen Bevölkerungen durch Zugewanderte – erzwungen werden. Gegen den Willen eines Staates bzw. seines Souveräns, des Volkes, eine solche Zuwanderung zu erzwingen, wäre die Entrechtung und Enteignung eines ganzen Staates, einer ganzen Nation, doch auf nichts Geringeres läuft der Globale Pakt hinaus! Laut UN ist dieser zwar rechtlich nicht verbindlich, aber politisch bindend und könnte eines Tages ›rechtsverbindlich‹ werden.

---

[1] Generalversammlung der Vereinten Nationen, Entwurf vom 13. Juli 2018: Entwurf des Ergebnisdokuments der Konferenz zur Annahme des Globalen Paktes für eine sichere, geordnete und reguläre Migration, Marrakesch (Marokko), 10. und 11. Dezember 2018, URL:
http://www.un.org/depts/german/migration/A.CONF.231.3.pdf

Der lange Weg zum heutigen Migrationspakt

In der Zeitung *Financial Times Europe* vom 13. September 2007 erschien ein Bericht mit der Überschrift »Europe told to open borders for 20m Asian and African workers«[2]. Dieser Bericht stand eben nicht in einer europafeindlichen, rechtsextremen, nationalistischen oder gar rassistischen Gazette und erläuterte dennoch die entsprechenden Pläne der Europäischen Union (EU). Diese zielten ganz im Sinne der globalen Finanz auf lange Sicht darauf ab, den ›Menschen der Zukunft‹ zu schaffen, das heißt: ein möglichst gleichgeschaltetes Lebewesen, das gerade klug genug ist, die ihm gegebenen Arbeiten zu verrichten und zu konsumieren, aber bei weitem nicht klug genug, die größeren Zusammenhänge zu durchschauen und sich gegen die Herrschenden aufzulehnen. Diese Absicht der EU fiel (und fällt immer noch) mit den Ideen von Richard Nikolaus COUDENHOVE-KALERGI zusammen, einem Mann, der als einer Urväter eines geeinten Europa gilt: Er gründete 1922 die Paneuropa-Union, die älteste heute noch existierende europäische Einigungsbewegung. COUDENHOVE-KALERGI besaß nun ganz bestimmte Vorstellungen von der europäischen Menschenrasse der Zukunft. In seinem 1925 erschienenen, heute vom Buchmarkt restlos verschwundenen Buch *Praktischer Idealismus*[3] schreibt er auf Seite 22: »Der Mensch der fernen Zukunft wird Mischling sein.« Auf Seite 23 dieses Buches heißt es:

> »Die eurasisch-negroide Zukunftsrasse, äußerlich der altägyptischen ähnlich, wird die Vielfalt der Völker durch eine Vielfalt der Persönlichkeiten ersetzen.«

Verwundert es vor diesem Hintergrund, daß mit Jean-Claude JUNCKER (seit 1. November 2014 Präsident der EU-Kommission) und Angela MERKEL Hauptexponenten einer auf Richard COUDENHOVE-KALERGIS Ideen basierenden ›Politik‹ solche Auszeichnungen wie die ›Coudenhove-Kalergi-Plakette‹ bzw. den ›Coudenhove-Kalergi-Europapreis‹ erhielten?

Mancher, der die im Zweiten Weltkrieg ventilierten Pläne der Alliierten für die Zeit nach der Niederwerfung Deutschlands kennt, könnte in diesem Zusammenhang unter anderem auch das anführen, was Earnest Albert

---

[2] Deutsch: Europa soll die Grenzen für 20 Millionen asiatische und afrikanische Arbeiter öffnen.

[3] Richard COUDENHOVE-KALERGI, *Praktischer Idealismus. Adel – Technik – Pazifismus*, Wien–Leipzig 1925.

EINFÜHRUNG

HOOTON, der von 1913 bis 1954 Professor für Anthropologie an der Harvard University in Cambridge (Massachusetts, USA) war, für die besiegten Deutschen vorschlug. In der New Yorker Tageszeitung *PM´s Daily*[4] vom 4. Januar 1943 wurde Hooton in seinem Artikel »Should We Kill the Germans – or Save THEM?«[5] deutlich:

> »Das Deutsche Reich ist in mehrere Einzelstaaten aufzuteilen. Jedem Teil soll nach einer gewissen Zeit der Überwachung und Verwaltung durch die Vereinten Nationen die Möglichkeit gegeben werden, seine eigene Form einer nichtfaschistischen Regierung zu wählen. Das Ziel dieser Maßnahme ist es, den nationalen Rahmen vereinter [geeinter] deutscher Angriffslust zu zerstören [zu zerschlagen]. [...] Während dieser Zeit sind auch die Einwanderung und Niederlassung von Nicht-Deutschen, vor allem von Männern, zu ermutigen.«[6]

Das UN-Migrationspaket wurde bereits lange vorbereitet. So forderte eine UN-Studie vom 21. März 2000 vor dem Hintergrund des Rückgangs der Bevölkerung in Europa eine »Bestandserhaltungs-Migration« aus Afrika und dem Nahen Osten. Um das »potentielle Unterstützungsverhältnis«, das heißt das Verhältnis zwischen der Zahl der Menschen im erwerbsfähigen Alter (15 bis 64 Jahre) und der Zahl der Senioren (65 Jahre oder älter) zu erhalten, seien für Deutschland jährlich 3630000 und für die gesamte EU jährlich 13480000 Migranten erforderlich.

Im September 2006 gab es bei der Generalversammlung der Vereinten Nationen einen ersten vertieften Dialog über die globale Migration und über ihre wirtschaftlichen Zusammenhänge. Von da an war Migration ein gewichtiges Thema für sämtliche UN-Mitgliedsstaaten. Vor allem: Unterstützt und angefacht wurden die Bestrebungen der UN durch die multinationalen Konzerne, Milliardäre und ihre NGOs, die in dem Prozeß der Migrationsförderung bereits sehr früh eine bedeutsame Quelle des Wirtschaftswachstums erkannten. Migration in großem Maßstab könnte – theoretisch – nicht nur dem Fachkräftemangel in den Industrieländern abhelfen und preiswerte Arbeitskräfte liefern; sie eröffnet vor allem einen

---

[4] *PM* steht für *Picture Magazine*.

[5] Deutsch: Sollten wir die Deutschen umbringen – oder retten?

[6] Earnest Albert HOOTON, »Should We Kill the Germans – or Save Them?«, in: *PM´s Daily* vom 4. Januar 1943, zitiert nach: *Unabhängige Nachrichten*, Oktober 2018, S. 8.

großen Markt, ja, sie wäre ein Wirtschaftszweig, der von Migranten als Konsumenten geschaffen wird.

Das jedes Jahr in Davos tagende Weltwirtschaftsforum erkannte schon zu Beginn des Jahrtausends das in einer globalen Massenmigration liegende Potential. Daher gründete es die Agenda »Global Agenda Council on Migration« und veröffentlichte einen Bericht mit dem Titel »The Business Case for Migration«[7]. Mit migrationsfreundlicher »Werbung« und politisch korrekter Wortwahl wurde die Migrationsbranche so richtig angeheizt. Dabei spielte der Ire Peter SUTHERLAND eine entscheidende Rolle. Der Tausendsassa – er war ehemaliger EU-Kommissar für Wettbewerb, Vorstandsmitglied von Goldmann Sachs, Mitglied der ›Trilateralen Kommission‹ wie auch des Lenkungsausschusses der ›Bilderberger‹, UN-Sonderberichterstatter für Migration und Migrationsberater von Papst FRANZISKUS – gründete im Jahre 2006 das ›Global Forum on Migration and Development‹, das bald mit den UN eng zusammenarbeitete. SUTHERLANDs Hauptziel war es von Anfang an, die Massenmigration zu fördern, um (seinen eigenen Worten zufolge) der Wirtschaft »billige Arbeitskräfte zu bescheren und gleichzeitig die Homogenität der europäischen Völker aufzulösen«. Credo des im Januar 2018 verstorbenen Peter SUTHERLAND war: Migration sei ein »entscheidender Motor für das Wirtschaftswachstum« in einigen EU-Nationen, »so schwierig es auch sein kann, dies den Bürgern jener Staaten zu erklären«.

Bei einer Befragung im britischen Oberhaus 2012 meinte SUTHERLAND ganz unverhohlen und beinahe schon dreist, daß die Tatsache der alternden Bevölkerung in Ländern wie Deutschland oder der südlichen EU das »Schlüsselargument [...] für die Entwicklung von multikulturellen Staaten« sei. Mit anderen Worten heißt das: Mit Hilfe des Demographie-Arguments kann man die Massenmigration begründen und in Gang bringen und so das eigentliche Ziel, die Auflösung der homogenen Völker und die Entwicklung multikultureller Staaten, erreichen. Auf einer Tagung der US-Denkfabrik »Council on Foreign Relations« 2015 offenbarte SUTHERLAND: Jeder, der seine Tweets auf Twitter lese und ihm sage, »daß ich dazu entschlossen wäre, die Homogenität der Völker zu zerstören, hat verdammt nochmal absolut recht! Genau das habe ich vor! Wenn ich es morgen tun könnte, würde ich sie zerstören, mein eigenes Volk eingeschlossen«. Ein Kommentar zu dieser offenkundig von Selbsthaß gekennzeichneten Einstellung, wie sie

---

[7] Deutsch: Der wirtschaftliche Nutzen der Migration.
[8] Zitiert nach: Friederike BECK, *Die geheime Migrationsagenda*, Rottenburg a. N. 2016.

EINFÜHRUNG

mittlerweile für so viele Europäer mit schlechtem Gewissen gegenüber der Dritten Welt typisch ist, erübrigt sich.

Und dann gibt es da noch den US-Multimilliardären George SOROS, der – ebenso fanatisch wie SUTHERLAND – unbedingt Europa mit Migranten überfluten und »aus Europa einen Migrations- bzw. Einwanderungskontinent machen«[8] will. Bereits 2005 rief SOROS im Rahmen seiner Stiftungsgruppe ›Open Society Foundations‹ das ›European Programme for Integration and Migration‹ (EPIM) ins Leben. Die EPIM-Initiative hat sich nicht bloß ein NGO-Netzwerk aufgebaut, sondern ist auch eng mit einer EU-nahen Denkfabrik in Brüssel verbunden, dem ›European Policy Centre‹ (EPC), das beide mit Materialien, Analysen und Argumenten für die Migrationsszene versorgt.

Die einzelnen Zwischenstufen zum Globalen Pakt für Migration

Eine relativ junge Wurzel hat der UN-Migrationspakt unserer Tage in der »New Yorker Erklärung für Flüchtlinge und Migranten«[9], welche die Vollversammlung der Vereinten Nationen als Resolution am 19. September 2016 verabschiedete. Es handelt sich dabei im Großen und Ganzen um ein Paket von Verpflichtungen mit dem Ziel einer Verbesserung des Schutzes von ›Flüchtlingen‹ und Migranten. Die Gesamtheit der insgesamt 193 UN-Mitgliedsstaaten verpflichtete sich darin insbesondere dazu, im Lauf des Jahres 2018 auf einen globalen Pakt für Flüchtlinge (englisch: ›Global Compact on Refugees‹) hinzuarbeiten. Den Migranten sollte garantiert werden, daß sie »ständig geordnet [!] in andere Länder einwandern können.

Kaum hatten die hohen UN-Funktionäre das auf den Weg gebracht, da erfolgte auch schon der nächste Schlag: Unter dem Motto »Migration für eine nachhaltige Entwicklung nutzbar machen« fand am 2. Mai 2018 in Marrakesch ein Treffen im Rahmen des »Europäischen-Afrikanischen Dialogs zu Migration und Entwicklung« (»Rabat-Prozeß«[10]) statt. An dem

---

[9] Generalversammlung der Vereinten Nationen, Resolution vom 19. September 2016: New Yorker Erklärung für Flüchtlinge und Migranten, URL: http://www.un.org/depts/german/gv-71/band1/ar71001.pdf

[10] Im Rahmen dieses »Rabat-Prozesses« waren zuvor schon vier Ministerkonferenzen abgehalten worden: 2006 in Marokko, 2008 in Frankreich, 2011 im Senegal und 2014 in Italien.

DER UN-MIGRATIONSPAKT

Treffen vom 2. Mai 2018 nahmen 28 afrikanische und 27 europäische Länder mit ihren Außenministern teil. Die BRD war durch ihren für seine nicht eben ausgeprägte Deutschlandliebe bekannten Außenminister Heiko MAAS (SPD) vertreten. Das Treffen endete mit der Annahme und Unterzeichnung des Marrakesch-Programms 2018–2020, das eine gemeinsame politische Erklärung (»Marrakesh Political Declaration«) sowie einen gezielten und operationellen Aktionsplan (»Aktionsplan von Marrakesch«) zur Umsetzung beinhaltet.

Das Programm des »Rabat-Prozesses« ist mit dem »Globalen Pakt für eine sichere, geordnete und reguläre Migration« der UN verzahnt. Beide arbeiten eifrig daran, wie das »Migrationsphänomen« genutzt werden könne, um die wirtschaftliche Entwicklung zu fördern. Es müssen sich nur alle daran beteiligen, und die Agenda, die man sich dazu selbst gesetzt hat, muß gewissenhaft Punkt für Punkt umgesetzt werden. Migration wird in beiden Programmen als der alternativlose Schlüssel dargestellt, um Armut, Ungerechtigkeiten, Rassismus in der Dritten Welt und eine Überalterung durch fehlenden Nachwuchs und – daraus resultierend – einen Fachkräftemangel in den Industrieländern zu beseitigen. Wer sich nicht an den Programmen beteiligt, muß mit Nachteilen rechnen – so die ganz unverhohlene Drohung der in hohen Positionen sitzenden, hochbezahlten Förderer der Migration.

Den Hauptgegenstand der Beratungen in der marokkanischen Metropole stellte die Schaffung neuer Strategien für den Umgang mit der Zuwanderung nach Europa dar. Wie wahnwitzig und für die autochthonen Bevölkerungen in den Zuwanderungsländern verhängnisvoll die hier vereinbarte Politik der Zukunft ist, lassen folgende Zahlen erahnen: Der afrikanische Anteil an der Bevölkerung Europas soll von neun Millionen Menschen im Jahr 2018 auf sage und schreibe 200 bis 300 Millionen im Jahr 2068 erhöht werden! Als sie diesen ›großen Austausch‹ auch offiziell in die Wege leiteten, hatten sich die an COUDENHOVE-KALERGIS Vorstellungen orientierenden Sozialingenieure offenkundig auch diese Zahlen im Hinterkopf: Während Europa im Jahr 2050 Prognosen zufolge aus 450 Millionen alternden Einwohnern bestehen wird, werden in Afrika 2,5 Milliarden mehrheitlich junge Menschen leben. Und laut Umfragen planen 42 Prozent der heute 15 bis 25 Jahre alten Afrikaner die Auswanderung, wobei sie in erster Linie Europa anpeilen. Von all den negativen Auswirkungen, die das in ihren Gastgeberländern unweigerlich

---
[11] Ebenda, Punkt 14.

EINFÜHRUNG

haben wird, ist in solchen UN-Absichtserklärungen wie der »New Yorker Erklärung für Flüchtlinge und Migranten« natürlich keine Rede, denn das würde bedeuten, die von der Zuwanderung Betroffenen zu beunruhigen. Diese aber sollen in einem permanenten Geistesschlaf gehalten werden, damit das angeblich hehre Menschheitsprojekt der von ›Einer Welt‹ fabulierenden Sozialingenieure nicht noch in Gefahr gebracht wird. Damit das auf gar keinen Fall geschehen kann, werden »weltweite Kampagnen gegen Fremdenfeindlichkeit«[11] durchgeführt, die jeden Widerstand gegen die Migration als »rassistisch« und damit gegen die absolut gesetzten Menschenrechte verstoßend brandmarkt. Wer aber läßt sich schon gern einen derartigen Vorwurf machen?

Gegen den »alternativlosen Schlüssel« der Masseneinwanderung spricht einiges, nicht zuletzt die in den westeuropäischen Staaten, namentlich in der Bundesrepublik Deutschland (insbesondere ab 2015) beobachteten negativen Auswirkungen der Masseneinwanderung nach Europa, vor allem wenn Menschen in großer Anzahl mit einem anderen Glaubens- und Wertesystem konfrontiert werden. Für Ramin PEYMANI, einen deutschen Publizisten iranischer Abstammung, heißen die Nachfolger Merkels »UNO und NGOs«. In seinem Blog »Liberale Warte« schreibt er:

> »Wann immer Migranten künftig ihre Rechte verletzt sehen, wird kein Urteilsspruch mehr endgültig sein, solange er nicht den Segen der Menschenrechtsaktivisten der Vereinten Nationen erhalten hat. Damit wird einer interessengeleiteten Willkürjustiz Tür und Tor geöffnet. Es ist sicher nicht zu wild spekuliert, daß fortan nicht etwa Isländer, Japaner oder Chilenen vor dem Menschenrechtsausschuß Schlange stehen werden, sondern jene Migranten, die aus muslimisch geprägten Ländern stammen. Sie werden ihren Kampf gegen westliche Weltanschauungen im noblen Genf austragen, darauf vertrauend, daß die Rechtsprechung europäischer Gerichte Makulatur ist und sich die Vereinten Nationen nur zu bereitwillig für pro-islamische Lobbyarbeit herzugeben bereit sind. Man sollte daher schon heute den Blick auf die Vorweihnachtszeit richten, wenn Deutschland gemeinsam mit einer Fülle weiterer Staaten den ›Global Compact for Migration‹ unterzeichnen wird. Wenn dieses völkerrechtlich zwar nicht bindende, aber ganz im Geiste der Laienrechtsprechung der UN gehaltene Dokument erst einmal unterschrieben

---

[12] Ramin PEYMANI, in »Liberale Warte«. Auch in: »eigentümlich frei«, URL: https://ef-magazin.de/2018/10/28/13857-un-menschenrechtsausschuss-die-migrationsmacht

ist, wird es Klagende darin bestärken, sich gegen die rechtsstaatlichen Organe jener Länder zu stellen, die sie sich nicht nur für ihren Verbleib ausgesucht haben, sondern denen sie für ihr eigenes Wohlbefinden auch die mitgebrachte Kultur überstülpen wollen. Der muslimische Marsch durch die Institutionen trägt Früchte. Er findet international statt und entfaltet seine Schlagkraft in atemberaubend kurzer Zeit. Da staunen selbst die Grünen.«[12]

Wie stellt sich Deutschland zum Globalen Pakt?

Wie weit das ›Ruhigstellen‹ des Gastgebervolkes bereits gediehen ist, zeigt nachdrücklich folgendes Beispiel aus der Bundesrepublik Deutschland, die sich unter dem MERKEL-Regime in Sachen ›Willkommenskultur‹ und Selbstabschaffung von keinem übertreffen lassen möchte. Der Deutsche (?) Bundestag hat eine vom 25. September 2018 datierende Petition (Petition 84222: Vereinte Nationen), die die Unterzeichnung des UN-Migrationspakts verhindern will, von seinen Internetseiten gelöscht.[13] Die BRD-Volksvertretung fand dafür die ebenso abenteuerliche wie vielsagende ›Begründung‹, eine Veröffentlichung dieser Petition »könnte den interkulturellen Dialog belasten«. Im Klartext heißt das: Es gibt Dinge, die der Großteil der deutschen Staatsbürger niemals erfahren soll, da dieser davon nicht nur beunruhigt, sondern gegebenenfalls sogar zum Sturz der herrschenden Kartellparteien CDU/CSU, SPD, GRÜNE, FDP und DIE LINKE getrieben werden könnte. Und das darf doch in dem ›freiesten‹ Staat, den es jemals auf deutschem Boden gab, auf gar keinen Fall geschehen! Noch weniger darf es aus Sicht der Herrschenden sein, daß diese Dinge, von denen möglichst niemand erfahren sollte, offen diskutiert werden. Denn bei einer offenen Diskussion ist ja (wie das Adjektiv ›offen‹ schon sagt) nicht abzusehen, was am Ende dabei herauskommt. Was also momentan in der MERKEL-BRD – und in vielen anderen Staaten der westlichen Welt – geschieht, ist eine gezielt betriebene Informationsunterdrückung und Demokratieaushöhlung.

Jeder sollte die Begründung der Petition 84222 kennen, denn sie weist auf das zu Monierende in einer Klarheit hin, die nichts zu wünschen übrig

---

[13] Der Wortlaut dieser von den Internetseiten des Deutschen Bundestags gelöschten Petition findet sich noch bei: Jürgen Fritz Blog, URL: https://juergenfritz.com/2018/10/23/geloeschte-petition/

EINFÜHRUNG

läßt: Die am 5. Februar 2018 vom Europäischen Parlament gebilligte Fassung des »Global Compact for Migration« unterscheidet sich von derjenigen, die am 10./11. Dezember 2018 in Marrakesch unterzeichnet werden soll, wesentlich.

> »Die Änderungen stellen eine **erhebliche Einschränkung der Grundlage der Deutschen Staatlichkeit** dar. Das Ganze geschieht bislang am Deutschen Bundestag unter Ausschluß der zwingend notwendigen öffentlichen Aussprache im Bundestag. Es liegt ein **Verstoß gegen die nationalen Selbstbestimmungsrechte** und das Befassungsrecht des Parlaments, des Deutschen Bundestages, vor.«[14]

Und weiter heißt es dort:

> »Die Garantie der Rechtssetzungsbefugnis der Legislative, die Einheitlichkeit der Rechtsordnung, der Vorbehalt der Machbarkeit aus den Gewährleistungsrechten des Grundgesetzes, insbesondere des Grundrechts auf Asyl, **sind souveräne, unveräußerliche Rechte der Bundesrepublik Deutschland**. Die Einwanderung nach Deutschland kann nicht durch ein Globales Forum künftig rechtsverbindlich und unabänderlich über die Souveränität des Deutschen Staatsvolkes bestimmt werden.«[15]

Die Petition bringt es auf den Punkt: Zwischen der Variante des UN-Migrationspakts, die das Europäische Parlament am 5. Februar 2018 gebilligt hat, und der endgültigen Fassung vom 11. Juli 2018[16] bestehen

> »so erhebliche Unterschiede, daß der Bundestag aufgefordert wird, der Kanzlerin die Unterzeichnung des Globalen Pakts zur Migration am 11. Dezember 2018 anläßlich der feierlichen Eröffnung der UN-Konferenz in Marrakesch zu untersagen. **Die Kanzlerin hat kein Recht, am Deutschen Bundestag vorbei den Souverän zu mißachten.** Der Bundestag möge sich intensiv mit dem Werk auseinandersetzen, Sachverständige hören und dann darüber entscheiden«.[17]

Die Petition endet mit den dramatischen Worten, die dem ganzen Ernst der Situation angemessen sind:

---

[14] Ebenda. Die Hervorhebungen stehen so in der Petition.
[15] Ebenda.
[16] Manche Kritiker sprechen vom 11. Juli 2018, doch die UN-Vollversammlung verabschiedete am 13. Juli 2018 den Entwurf des Ergebnisdokuments der Konferenz zur Annahme des UN-Migrationspakts, die in Marrakesch.
[17] Ebenda. Die Hervorhebungen stehen so in der Petition.

»Deutschland darf den Globalen Pakt für Migration nicht annehmen! **Dieser Pakt ist ein Instrument zur allmählichen Auslöschung unserer Identität!** Auch wir sind eine Nation, kein Siedlungsgebiet!«[18]

In diesem Zusammenhang sei hier ein sehr interessantes Detail angeführt. Ausgerechnet in der links-liberalen Tageszeitung *DIE ZEIT* vom 11. Juli 2018 wagte es die Redakteurin Mariam LAU, folgende Sätze zu schreiben:

»Stellen wir uns für zwei Minuten vor, wo Europa jetzt stünde, wenn man dem Drängen der Menschenrechtsorganisationen nach Legalisation aller Wanderungsbewegungen, ob Flucht oder Armutsmigration, nachgegeben hätte. Nach einem Europa ohne Grenzen. Eine Million, zwei Millionen, drei Millionen. Wie lange würde es wohl dauern, bis die letzte demokratische Regierung fällt?«[19]

Das gesamte linke Milieu fiel wütend über Mariam LAU her. Doch was selbst sie offenbar nicht wußte: Dem Drängen wurde seitens der UN nicht nur nachgegeben, sondern es wurden und werden mit dem UN-Migrationspakt legale dauerhafte Wanderungsbewegungen aktiv, planmäßig gesteuert und organisiert. Merkwürdig ist übrigens folgende Begebenheit: Ebenfalls am 11. Juli 2018 verabschiedete die Vollversammlung die Endfassung dieses ominösen Pakts.

Am 11. Dezember 2018 soll mit dem bundesdeutschen UN-Botschafter Christoph HEUSGEN (geb. 1955; CDU) für die BRD der Mann den »Globalen Pakt für eine sichere, geordnete und reguläre Migration« unterzeichnen, der seit 2005 Angela Merkel in der Außen- und Sicherheitspolitik berät und überhaupt einer ihrer engsten Vertrauten ist. Mit der Ratifizierung des Pakts wird die Bundesrepublik Deutschland ihre nationale Souveränität aufgeben, ihre fundamentalen Sicherheitsinteressen aufs Spiel setzen und wieder einmal die nationalen Interessen Deutschlands verraten. Darüber darf sich niemand hinwegtäuschen, denn alles andere wäre reiner Selbstbetrug!

Die AfD hat als einzige bundesdeutsche Partei den »Globalen Pakt für sichere, geordnete und reguläre Migration« abgelehnt.[20] Nach ihrer Überzeugung ist »der Migrationspakt

- von Institutionen ohne demokratische Legitimation initiiert [worden], wie z.B. die UNO und Nichtregierungsorganisationen.

---
[18] Ebenda. [19] Caterina LOBENSTEIN u. Mariam LAU, »Oder soll man es lassen? Private Helfer retten Flüchtlinge und Migranten im Mittelmeer aus Seenot. Ist das legitim? Ein Pro und Contra«, in: *DIE ZEIT* 29/2018 vom 11. Juli 2018, URL: https://www.zeit.de/2018/29/seenotrettung-fluechtlinge-privat-mittelmeer-pro-contra/komplettansicht

- benennt [er] praktisch nur die Rechte der »Migranten« und die Pflichten der Zielländer.
- ist [er] ein verstecktes Umsiedlungsprogramm für Wirtschafts- und Armutsüchtlinge.
- ermöglicht [er] allen künftigen Migranten den Zugang zum Sozialsystem, zu deren Erbringung sie nichts beigetragen haben.
- statuiert [er] eine Aufnahmepflicht für alle, die behaupten, Opfer des ›Klimawandels‹ zu sein.
- bürdet [er] sämtliche mit der Zuwanderung einhergehenden Kosten (z. B. Sozialleistungen, Beratungen, Schulungen jedweder Art, sprachliche Übersetzungen, Rechtsmittel-Einlegung etc.) den Zielländern auf.
- blendet [er] die möglichen Gefahren für die innere Sicherheit durch Zuwandererkriminalität aus.
- klammert [er] die Probleme bei der Integration von Menschen aus anderen Kulturkreisen aus.
- fordert [er] auf, in den Medien über die Vorteile der Zuwanderung im Sinne einer ›Bereicherung der Gesellschaft‹ zu berichten.
- wird [er] zusätzliche Anreize für eine weiter ansteigende Zuwanderung nach Deutschland geben.«

Mediale Beschwichtigung

In Anbetracht der zum Teil überaus heftigen innenpolitischen Diskussionen in Deutschland zwischen den Altparteien und der bisweilen etwas aufmuckenden CSU sowie der AfD über die andauernde Massenimmigration hätte die Nachricht vom Beschluß der UN-Vollversammlung und der deutschen Zustimmung wie eine Bombe einschlagen müssen. Doch die deutschsprachigen Medien berichteten, wenn überhaupt, nur auf Basis der dürren Meldungen der Mainstream-Agenturen, die lediglich knapp das offizielle positive Anliegen darstellten:

> »Danach geht es darum, Migrationsströme, die ohnehin da sind, besser zu managen.«[21]

---

[20] https://www.afd.de/migrationspakt-stoppen

[21] Norbert HÄRING, »Wozu sich Deutschland mit dem UN-Migrationsabkommen wirklich verpflichtet hat und was das Weltwirtschaftsforum damit zu tun hat«, in: Norbert Häring, Geld und mehr vom 19. Juli 2018, URL: http://norberthaering.de/de/27-german/news/996-migrationsabkommen

Das klingt doch nicht besorgniserregend. Und die nationale Souveränität wird ja auch gewahrt. Kein Wort darüber, daß auf die nationale Souveränität hier weitgehend freiwillig verzichtet wird. Kein Wort von der Verringerung der Zurückweisungsmöglichkeit, der Brisanz des ungeheuren Anreizes für alle, die wegen der Gefahren, Schwierigkeiten und Ungewißheiten den Weg nach Europa bisher noch gescheut haben, und kein Wort, daß gerade auch die Migration derjenigen, die nicht unmittelbar in Not sind, angeregt und gefördert werden soll. *SPIEGEL ONLINE* berichtete:

»68,5 Millionen Menschen sind gegenwärtig weltweit auf der Flucht – so viele wie noch nie. . . Das Dokument soll Grundsätze für den Umgang mit Flüchtlingen und Migranten festlegen. . . Der 34 Seiten lange Migrationspakt soll helfen, Flüchtlingsströme besser zu organisieren und Rechte der Betroffenen zu stärken. . . Konkret sollen etwa die Daten von Migranten erfaßt und ihnen Ausweisdokument ausgestellt werden, sofern sie keine besitzen. . . Die Uno-Staaten verpflichteten sich, gegen Diskriminierung von Zuwanderern zu kämpfen und sich insbesondere um die Lage von Frauen und Kindern zu kümmern. . . Überdies sollen Migranten Zugang zu den sozialen Sicherungssystemen erlangen.«[22]

Abgesehen davon, daß der Ton, in dem dies alles formuliert ist, dümmlich und naiv klingt – Zugang zu den Sozialsystemen der Gastgeberländer haben die Migranten jetzt bereits zur Genüge. Auch hier kein Wort von einer bewußten Förderung der Migration.

Unter www.zdf.de fand sich unter dem 14. Juli 2018 als wesentliche Botschaft:

»Migration besser lenken, Einwanderung möglich machen.«[23]

Nun ja, warum nicht, Einwanderung ist ja schon möglich. Doch daß es dabei um die Menge und die Grenzenlosigkeit geht usw. – davon ist nirgends die Rede. Nur: »Ungarn sieht den Vertrag kritisch.«[24]

Auch der Deutschlandfunk zitierte etwas Kritisches von den ja sowieso schon stigmatisierten Ungarn und ihrer einwanderungskritischen Regierung ORBÁN:

---

[22] Nach afp.com
[23] URL: https://www.zdf.de/nachrichten/heute/un-beschliessen-migrationspakt-bis-auf-usa-100.html
[24] Ebenda.

EINFÜHRUNG

»Das Abkommen betrachte die Aus- und Einwanderung als Menschenrecht, sagte Außenminister SZIJJARTO in Budapest. Das sei aus ungarischer Sicht inakzeptabel.«[25]

Wohin man auch blickt, das Hochbrisante des Globalen Pakts wird in den deutschsprachigen ›Qualitätsmedien‹ im Grunde hinter dürren, nichtssagenden Meldungen verborgen gehalten. So rollt eine in totalitärer Weise minutiös geplante, geförderte und von den lokalen Kollaborateuren verborgen gehaltene permanente Masseneinwanderungsbewegung auf die im Grunde ahnungslosen Menschen in Europa zu, in der Völker mit ihren spezifischen hochstehenden Kulturen keine Rolle mehr spielen und schließlich »die letzte demokratische Regierung fällt«, wie die bereits zitierte, ausnahmsweise einmal selbst denkende Journalistin Mariam Lau schrieb.

Bewertung des UN-Migrationspakts

Wenn nun in Marrakesch am 10. und 11. Dezember 2018 der UN-Migrationspakt wie geplant unterzeichnet wird – die USA und Ungarn haben bereits im Juli 2018 angekündigt, dies nicht zu tun –, haben internationale Organisationen wie die UNO es erneut geschafft, mittels einer Resolution (englisch: *soft law* – deutsch: ›weiches Recht‹) zur Durchsetzung ihrer ideologischen Agenda politischen Druck auf die Nationalstaaten aufzubauen. Dabei besteht der UN-Migrationspakt nicht bloß aus viel Wortgeklingel, sondern enthält – zwischen schön klingenden Begriffen (»nachhaltig«, »kindersensibel« usw.) versteckt – viele brisante Forderungen, mit denen die Souveränität der Nationen sowie die Rechte der Bürger in westlichen Demokratien ausgehöhlt werden. Flucht, legale und illegale Migration sollen mit dem Pakt faktisch gleichgestellt werden, und es soll das Phänomen der Migration an sich zur modernen Ikone der ›Menschlichkeit‹ erhöht werden.

Der Adressat dieses Paktes ist die gesamte westliche Welt, denn eines ist glasklar: Die Zuwanderer zieht es in die Regionen, in denen Wohlstand herrscht. Diese Armuts- bzw. Versorgungsmigration sollen die entwickelten Länder nicht nur akzeptieren, sie sollen sie geradezu fördern. Die Souveränität der Nationalstaaten wird faktisch verneint. So darf es laut Text der Resolution (denn mehr ist der Pakt ja nicht) zwar Grenzkontrollen geben, doch sind diese zahnlos und eigentlich ohne Sinn. Denn grundsätzlich sollen

---

[25] URL: https://www.journalistenwatch.com/2018/10/04/ungarn-un-migrationspakt

DER UN-MIGRATIONSPAKT

Migranten aller Art dieser Deklaration zufolge besonders schützenswerte Personengruppen verkörpern, die im Zielland einer speziellen Zuwendung und Versorgung bedürfen.

Der UN-Migrationspakt zielt auf eine generelle Grenzöffnung für vollkommen ungehinderte Migrationsströme in alle Länder ab, wobei er Migration völlig einseitig nur als »Chance« und überdies als unausweichliches Schicksal darstellt. Das hat nun eine große, aber kaum verblüffende Ähnlichkeit mit MERKELS dümmlichem Geschwätz, bestimmte Dinge seien eben »alternativlos«. Der Globale Pakt beinhaltet die Organisation und Vorbereitung von Auswanderung bereits in den Herkunftsländern und die Schaffung sicherer Reiserouten. Die Unterzeichner des Pakts »verpflichten« sich, Arbeitsmigration zu fördern und »Barrieren« jeglicher Art zu beseitigen. Im Zielland angekommen, soll den Migranten unverzüglich und grundsätzlich ein »diskriminierungsfreier Zugang« zur Grundversorgung, zu den Sozialwerken, zu einer »bezahlbaren und unabhängigen« Rechtsvertretung, zu Bildung, lebenslangem Lernen und zur Gesundheitsversorgung gewährt werden. Aus dem Grenzübertritt sollen unmittelbar Rechte, jedoch keine echten Pflichten folgen. Illegale Migration soll in legale Migration umdefiniert werden. Dies bedeutet in allen Belangen eine vollkommene Gleichstellung zu der im Gastgeberland lebenden Bevölkerung. Den Regierungen werden die Instrumente entzogen, um die Interessen ihrer Bürger zu verteidigen; sie werden faktisch geknebelt. Der Pakt sieht die Gleichstellung von Migranten aller Art, ganz unabhängig von ihrem legalen Status, mit echten Flüchtlingen, die einen Schutzstatus genießen, vor. Auch der Familiennachzug soll erheblich erleichtert werden, was ebenfalls ein Mittel ist, um durch Schaffung vollendeter Tatsachen den geplanten »großen Austausch« zu bewerkstelligen.

Mit alledem soll Migration zu einer Art »Menschenrecht« aufgewertet werden, soll weltweite Migration endgültig legalisiert werden, was praktisch den endgültigen Todesstoß für Deutschland und für die führenden Industriestaaten der westlichen Welt bedeuten würde. Für die »Zielstaaten« ist eine Möglichkeit der Zurückweisung ausgeschlossen – was gleichfalls den totalitären Charakter des UN-Migrationspakts deutlich unterstreicht. Er wird überdies darin sichtbar: Mit diesem Pakt soll eine Sicht der Migration durchgesetzt werden, die einzig die positiven Seiten betont und die alle negativen Aspekte komplett ignoriert. Deswegen wird sinngemäß gefordert, daß die mediale Berichterstattung über die Migration positiv zu gestalten ist. Daraus läßt sich wiederum ableiten, daß Kritik an der

EINFÜHRUNG

Massenmigration pauschal als Diskriminierung diffamiert wird. Dadurch soll Kritik an der Migration und ihren Auswirkungen unterbunden, letztlich also die Meinungsfreiheit eingeschränkt werden. Wem das bekannt vorkommt: Die feministische Bewegung ist nach einem fast identischen Handlungsmuster vorgegangen, und das Resultat dürfen wir heute in fast allen Bereichen westlicher Staaten in Form des ›Gender Mainstreaming‹ bewundern...

Zwang, Zwang und noch einmal Zwang – das ist das Herrschaftsmittel der angeblich doch so progressiven Kräfte, die im Dienste der Menschlichkeit und der Menschheit alle rückständigen (vulgo: ausbeuterischen, unterdrückerischen, patriarchalischen, faschistischen, imperialistischen usw.) Kräfte und Institutionen eliminieren wollen! Erinnern wir in diesem Zusammenhang an den Ausspruch Carl SCHMITTs: »Wer Menschheit sagt, will betrügen.«[26] Staaten, die zukünftig gegen die Richtlinien des UN-Migrationspakts verstoßen würden, indem sie beispielsweise illegale Einwanderer ausweisen oder illegale Grenzübertritte unter Strafe stellen, sollen empfindliche Nachteile in Kauf nehmen. Gemäß diesem Migrationspakt soll jeglicher Widerspruch gegen die Massenmigration kriminalisiert werden. Die Unterzeichnerstaaten sollen sich außerdem verpflichten, Medien öffentliche Gelder oder sonstige Unterstützung zu entziehen, die »systematisch Intoleranz, Xenophobie, Rassismus und andere Formen von Diskriminierung gegen Migranten fördern«. Dies ist eine überaus schwammige Formulierung, die Raum für vielseitige Repressalien gegen unliebsame Gegenstimmen zuläßt – Raum, den die Kräfte des Fortschritts (in Wahrheit die Kräfte der Repression) ohne jeden Zweifel weidlich ausnutzen werden.

UN-Generalsekretär Antonio GUTERRES sieht in dem Migrationspakt »ein Instrument« zur »Steuerung der Globalen Migration«, das nun endlich verfügbar sei. Momentan seien, so GUTERRES, 300 Millionen (also rund 3,4 Prozent der Weltbevölkerung) »Migranten« (nicht Flüchtlinge!) unterwegs. Und wo soll das, was die selbsternannten Menschheitsbeglücker fördern und institutionalisieren wollen, enden? Peter SCHOLL-LATOUR soll einmal diesen Ausspruch getätigt haben: »Wer halb Kalkutta aufnimmt, hilft nicht

---

[26] Alain DE BENOIST, »Von der Polarität zwischen Freund und Feind«, in: *Junge Freiheit* vom 11. Juli 2013, URL:
https://jungefreiheit.de/wissen/geschichte/2013/von-der-polaritaet-zwischen-freund-und-feind/

etwa Kalkutta, sondern wird selbst zu Kalkutta!«[27]

Für die Migranten aller Kategorien stellt der Pakt eine Art Freibrief dar, der ihnen ausgedehnte Rechte, Versorgung und finanzielle Zuwendungen garantiert. Was diese Vereinbarung im Klartext für die Zielländer bedeuten wird, kann sich jeder denkende Bürger vorstellen. Doch das Denken wird ja in immer mehr Ländern der angeblich freien westlichen Welt sukzessive abgeschafft...

Wer unterzeichnet nicht?

Wegen dieser möglichen Folgen weigerten sich folgerichtig die USA und Ungarn, den UN-Pakt zu unterschreiben, weil er, so Nikki HALEY, US-Botschafterin bei den Vereinten Nationen, »der globale Ansatz mit der Souveränität der USA nicht vereinbar sei«. Unmittelbar nach seiner Wahl zum US-Präsidenten kündigte Donald TRUMP die Mitwirkung seines Landes: »Das ist ein No-Borders-Plan. Die USA ist eine Nation, kein Siedlungsgebiet!« Der Begriff »Siedlungsgebiet« wird in dem »Global Compact for Migration« (GCM) mehrfach ersatzweise für Bezeichnungen wie »Nation« oder »Staat« verwendet. Darüber hinaus monierte Trump der Zeitung *The Guardian* zufolge, daß der GCM die US-amerikanische Souveränität beeinträchtige und der US-Einwanderungspolitik zuwiderlaufe.

Ungarns Außenminister Péter SZIJJÁRTÓ äußerte sich unmißverständlich: Der Pakt sei »extremistisch, voreingenommen, eine Ermutigung für Hunderte Millionen zur Migration« und stehe im Widerspruch »zum gesunden Menschenverstand und der Absicht, die europäische Sicherheit wiederherzustellen«. Angesichts von 29 großen Terroranschlägen, die in den letzten dreieinhalb Jahren durch islamische Einwanderer in Europa verübt

---

Dieses berühmte Diktum geht auf den französischen Soziologen Pierre-Joseph PROUDHON zurück und bedeutet, z. B. auf das hier behandelte Thema angewendet:
Wer im Namen der Menschheit Krieg führt und vorgibt, aus »humanitären« Gründen oder etwa zur Verteidigung der »Menschenrechte« zu kämpfen, versucht seinem Feind damit lediglich jegliche Legitimität abzusprechen.

[27] Wer halb Kalkutta aufnimmt, hilft nicht etwa Kalkutta, sondern wird selbst zu Kalkutta, in: *Cashkurs – Unabhängige Nachrichten aus Wirtschaft, Finanzen und Politik*, 4. Januar 2018, URL:
https://www.cashkurs.com/beitrag/Post/wer-halb-kalkutta-aufnimmt-hilft-nicht-etwa-kalkutta-sondern-wird-selbst-zu-kalkutta/

EINFÜHRUNG

wurden, habe die Sicherheit Ungarns und des ungarischen Volkes für die Regierung von Ministerpräsident Viktor Orbán oberste Priorität. Zudem sei es ein klarer Verstoß gegen das Völkerrecht, wenn die UNO ein angebliches »Menschenrecht auf Migration« proklamiere. Szijjártó meinte außerdem, daß der »UNO-Migrationspakt eine Gefahr für die ganze Welt« darstelle.

Selbst in der Schweiz regte sich im Oktober 2018 Widerstand in hohen Stellen. Parteipräsident Albert Rösti und Nationalrat Andreas Glarner, Verantwortlicher für Asyl- und Migrationspolitik der SVP Schweiz, forderten den Bundesrat dazu auf, den UN-Pakt nicht zu unterzeichnen.[28] Er sei nämlich mit der eigenständigen Steuerung der Zuwanderung und somit auch mit der Selbstbestimmung der Schweiz nicht vereinbar. Vor allem jedoch solle es der Pakt ermöglichen, daß Migranten ungeachtet ihrer Qualifikationen der Zugang zum Wunschland deutlich erleichtert werde. Es sollen legale Routen geschaffen, eine faktische Medienzensur zur ausgewogenen Berichterstattung eingeführt, schon im Heimatland Sprachkurse des Ziellands angeboten, der Nachzug der Familien deutlich erleichtert und auch der Geldtransfer ins Heimatland vergünstigt werden, so die SVP-Politiker. Zwar solle der UN-Migrationspakt nicht rechtlich, sondern ›nur‹ politisch verbindlich sein, aber dennoch werde die ›NGO-Migrationsindustrie‹ dies »zu nutzen wissen, um neue staatliche Millionen-Förderprogramme – auf Kosten der Steuerzahler – einzufordern«.[29]

Ähnlich kritisch wie die Schweizer sieht die Lage Polens Innenminister Joachim Brudziński. Er empfahl Ministerpräsident Mateusz Morawiecki, den GCM nicht zu unterzeichnen. Dagegen war aus dem mittlerweile einwanderungskritischen Dänemark seitens der Regierung zu vernehmen, daß es eine Unterschrift unter den UN-Migrationspakt geben könne, solange die dänische Souveränität in der Zuwanderungspolitik nicht untergraben werde und der Pakt keine rechtlich bindende Wirkung habe. Doch ist hier klar und deutlich anzumerken, daß, wer sich einmal auf den UN-Migrationspakt einläßt, am Ende auch de iure wie de facto daran gebunden sein

---

[28] Der Schweizer Bundesrat hatte beschlossen, dem UN-Migrationspakt zuzustimmen. Dieser Schritt entspreche einem langjährigen Engagement der Schweiz zur Stärkung der »globalen Migrationsgouvernanz«. Der Bundesrat ist der Meinung, daß der UN-Pakt »vollumfänglich« den Interessen der Schweiz im Migrationsbereich entspricht

[29] Curd-Torsten Weick, »Die Unsicherheit wächst. UN: Der Pakt für eine ›sichere, geordnete und reguläre Migration‹ irritiert die Gemüter der Aufnahmeländer«, in: *Junge Freiheit* 43/2018 vom 19.Oktober 2018, S. 8.

könnte – ganz gleich, ob es jetzt noch heißt, der Pakt besitze in rechtlicher Hinsicht keinerlei bindende Wirkung!

Große Bedenken äußerte auch die österreichische Regierung am 23. September 2018 mit einer offiziellen Regierungserklärung gegenüber der Zeitung *Krone*:

»Eine finale Entscheidung über eine Zustimmung, allfällige Ablehnung oder eine die fehlende Bindungswirkung klarstellende Erklärung der gegenständlichen UN-Deklaration konnte noch nicht gefunden werden.«

Und noch Mitte Oktober 2018 machte Österreichs Bundeskanzler Sebastian KURZ (ÖVP) keinen Hehl aus seinem Unbehagen. Die schwarz-blaue Bundesregierung habe eine klare Haltung, denn sie sehe »einige Punkte« des Paktes »sehr kritisch«. Daher werde sie alles tun, um die Souveränität »unseres Landes« aufrechtzuerhalten und sicherzustellen, daß Österreich auch in Zukunft in Migrationsfragen selbst entscheiden könne, so der ÖVP-Vorsitzende. Das konkrete Vorgehen werde jetzt beraten, wobei es sicher sei, daß es einen »völkerrechtsverbindlichen Vorbehalt« geben werde. Was die kritischen Punkte sind, wollte KURZ auf der Ministerratspressestunde nicht sagen. Der 32jährige verwies jedoch auf »Diskurse«, bei denen es darum gehe, ob der Migrationspakt, der laut UN rechtlich nicht verbindlich, aber politisch bindend ist, doch »rechtsverbindlich« werden könnte. Österreichs Regierung stehe deswegen in engem Kontakt mit Staaten wie der Schweiz, so der Bundeskanzler.

Bei einer Pressekonferenz in Wien am 31. Oktober kündigten Kanzler Sebastian KURZ (ÖVP) und Vizekanzler Heinz-Christian STRACHE (FPÖ) vor einer Ministerratssitzung an, daß sich Österreich aus dem geplanten globalen Migrationspakt der Vereinten Nationen zurückziehen werde. Der Pakt sei nicht geeignet, um Migrationsfragen zu regeln. Außerdem dürfe es durch den Pakt kein Menschenrecht auf Migration entstehen. Es drohe eine Vermischung von legaler und illegaler Migration, und man befürchte den Verlust österreichischer Souveränität in der Migrationspolitik.

Einen Tag nach dem Rückzieher Österreichs meldete BABIS, Tschechiens Ministerpräsident, am 1. November Vorbehalte. Er werde seinem Koalitionspartner, der sozialdemokratischen CSSD, vorschlagen, sich der ablehnenden Haltung Österreichs und Ungarns anzuschließen. »Niemand außer uns darf entscheiden, wer bei uns lebt und arbeitet«, betonte er. Auch Kroatien hat angekündigt, den Pakt nicht zu unterzeichnen – und Italien könnte folgen. Mit den USA und Ungarn sind es also sechs Staaten, die nicht unterzeichnen werden. Es ist anzunehmen, daß die Liste immer länger wird. Sogar Israel hat signalisisiert, einen »Pakt der Wölfe« nicht unterzeichnen zu wollen.

Möglicherweise nimmt nun die Debatte über den rechtlich nicht bindenden Globalen Pakt für Migration auch in Deutschland Fahrt auf. Das wäre zu hoffen. Weite Teile des deutschen Volkes erwarten es. Ob sich Deutschland am UN-Migrationspakt beteiligen sollte, wollte die Zeitung *Die Welt* wissen. 93 Prozent der 38500 Befragten verneinten, der Pakt sei zu unausgereift. Das ist bezeichnend. Vereinzelte kritische Stimmen werden laut, so Gabor STEINGART:

> »Die Welt wird mit den Augen der Migranten gesehen. Der Gedanke, daß die einen ihre Heimat verlassen und damit die Heimat der anderen nicht nur besuchen, sondern womöglich kulturell und ökonomisch verändern, wird hier nicht gedacht. Das Papier stammt aus der Feder von Menschen, die offenbar keine Kriminalitätsstatistik gelesen und das Geschäftsmodell der internationalen Schleuserindustrie nie studiert haben. Vorgelegt wurde eine Liebeserklärung an die Migranten.«

Aber: Gleich nach der österreichischen Ankündigung meldete sich ein Sprecher des Auswärtigen Amtes in Berlin, die Bundesregierung bedauere diese Entscheidung Österreichs. Sie werde dessen ungeachtet selbst weiter »für seine Umsetzung werben«. Immerhin sprach sich die CDU-Werteunion[30] gegen den Globalen Migrationspakt aus. Und am 2. 11. 2018 haben bei der Online-Plattform »CDU plus« 565 CDU-Mitglieder folgende Forderung gestellt:

> »Der Bundesparteitag fordert die Bundeskanzlerin auf, den ›Globalen Pakt für Migration‹ seitens der Bundesrepublik Deutschland nicht vor einer Beratung und Beschlußfassung in der Bundestagsfraktion der CDU/CSU und im Bundestag unterschreiben zu lassen.«

Man darf gespannt sein, wie dieser Antrag auf dem Bundesparteitag Anfang Dezember behandelt wird.

---

[30] Die WerteUnion ist ein im März 2017 gegründeter Dachverband von konservativen und wirtschaftsliberalen Mitgliederinitiativen innerhalb der deutschen Parteien CDU und CSU und strebt vordergründig eine Ablösung Angela MERKELs an.

DER UN-MIGRATIONSPAKT

Kommentar

von

HARALD SITTA

»Wer Menschheit sagt, der will betrügen«

CARL SCHMITT

1 Dieser Pakt, nach der schönen, romantischen marokkanischen Stadt Marrakesch benannt und durch viele Jahre still und leise verhandelt, sorgt seit einiger Zeit für heftige Diskussionen. Die ›üblichen Verdächtigen‹ auf beiden Seiten sind dafür oder dagegen. Überblicksartig werde ich allgemeine, historische, volkswirtschaftliche und kybernetische Überlegungen mit den völkerrechtlichen und staatsrechtlichen Fragen und Überlegungen verknüpfen.

2 Es wird entschuldigt werden, wenn ich kurz über mich spreche. Ich bin ein aus Österreich stammender Einwanderer nach Südafrika. Seit 2007 bin ich sozusagen ›migrationshintergründig‹. Ich habe ordnungsgemäß um eine Aufenthaltsbewilligung angesucht, erhielt zuerst eine befristete, beantragte die andauernde Aufenthaltsbewilligung, zahlte eine Sicherheitsleistung, weil der südafrikanische Staat auf allfälligen Abschiebekosten nicht sitzen bleiben will, und erhielt dann die andauernde Bewilligung, behielt aber meine Staatsbürgerschaft. Südafrika ist mein neues Heimatland, Österreich bleibt mein Vaterland. Ich genieße hier alle Grundrechte, ausgenommen das Wahlrecht. Das ist so völlig in Ordnung. **Konflikte zwischen Einheimischen und Zugewanderten sind zwar aporetische, müssen nicht zerstöre-**

rische sein, können auch bei einer weisen Einwanderungspolitik, die auf jedwede Illusionen verzichtet, produktiv sein. Ein Einwanderer hat sich einzuordnen und anzupassen. Das sind auch meine Pflichten. Unangenehm aufzufallen ist zu vermeiden, und andererseits sollte man sich bemühen, möglichst viel zu dem neuen Heimatland und dessen Gesellschaft beizutragen. Nach diesen Grundsätzen lebe ich hier in Johannesburg seit elf Jahren und dies durchaus gut und friktionsfrei. Darf ich dasselbe von Einwanderern nach Österreich und Deutschland verlangen? Ich glaube schon und plädiere daher für Maß, Realismus und Balance in dieser Frage.

3 Manchmal wird behauptet, daß Grenzen nur trennende Zwecke hätten und die Verwirklichung der Rechte Einzelner verhinderten. Dem stimme ich nicht zu. Grenzen können willkürlich sein und ihr legitimer Zweck mißbraucht werden, wie wir alle am kommunistischen Eisernen Vorhang‹ gesehen haben. Aber Grenzen, Zäune, Mauern und Einhegungen haben vor allem eine den Frieden schaffende und bewahrende Funktion. Die ›Einhegung‹ ist eben eine Hege, eine Pflege. Das englische Wort *town* für ›Stadt‹ hat dieselbe sprachliche Wurzel wie das deutsche Wort ›Zaun‹. Einhegen und Einfrieden heißt eben umzäunen, aber eben auch Frieden und pflegliche Ordnung schaffen. Mauern und Zäune und dergleichen sind die feste Verkörperung juristischer Linien, da wir eben als Einzelne wie auch als Gesellschaft den Raum unserer Rechte markieren müssen. **Diese klare Linien aufrechtzuerhalten ist eine friedenserhaltende Maßnahme, ein Zeichen der Befriedung, wie jedes Recht Grenzen hat, auch körperliche und geographische. Alles andere wäre Willkür und Streit ohne Ende.**

4 Gibt es denn ein entweder *de lege lata* oder *de lege ferenda*[1] begründbares Recht auf *Ein*wanderung? Es ist interessant, daß eines der ersten anerkannten Grundrechte das *ius emigrandi*, also das Recht auf *Aus*wanderung, war. Es wurde in den Religionskriegen des 16. und 17. Jahrhunderts geboren und formuliert. Da damals die meisten Menschen juristisch gebietsgebunden waren (*glebes adscripta* seit der Endzeit des Römischen Reiches), war es ein sehr wichtiges Recht, das den Untertanen,

---

[1] nach gelegtem Recht oder nach geltendem Recht

KOMMENTAR

die der Religion des Landesherrn nicht folgten, eingeräumt wurde. Es war auch eine liberale Forderung im 19. Jahrhundert, Abzugssteuern, also die Besteuerung der Auswanderung, abzuschaffen, was in Österreich mit den Staatsgrundgesetzen 1867 geschah. Aber gibt es ein Recht auf *Ein*wanderung in ein bestimmtes Land als ein natürliches Grundrecht?

5 Ist irgendeine Privatperson verpflichtet – Monopolisten ausgenommen –, mit irgend jemand anderem vertragliche oder geschäftliche Beziehungen einzugehen? Die Privatautonomie, mit anderen jedwede Form des Austausches von Waren, Dienstleistungen und Informationen zu betreiben oder eben auch nicht, ist ein Grundprinzip einer freien Gesellschaft und einer freien Wirtschaft. Es ist schon seit einiger Zeit durch grundrechtlich bedenkliche ›Antidiskriminierungsregeln‹ schon fast kriminell zu diskriminieren, also in der Bedeutung des lateinischen Wortes einen Unterschied zu machen. Natürlich unterscheiden und wählen wir alle, aus welchem Grund und zu welchem Zweck auch immer, und das ist ein wesentlicher Teil unserer Freiheit.

Es mag blöde sein, nicht von einem Bäcker das Brot zu kaufen, der rotes oder giftgrün gefärbtes Haar hat, aber das geht den Staat nichts an, und das Rechtssystem hat hier nichts zu beurteilen. Und wenn ein Vorstadtcafé keine Hofer-Wähler mag und sie bittet weiterzugehen, steht den fortschrittlich gesinnten Betreibern dieses Cafés das zu; aber sie sollten dann aufhören zu sagen, daß sie gegen Ausgrenzung und Diskriminierung ankämpfen. Man stelle sich ein Leben vor, in dem sie sich wöchentlich irgendeinem Amt zu rechtfertigen hätten, wieso sie diese Stellung angenommen haben oder jenen Schneider für ihren Frack gewählt haben oder wieso sie in jene Bar auf ein Bier gegangen sind und nicht in eine andere oder dort eine Wohnung angemietet haben und nicht woanders. Oder sich rechtfertigen müßten, wen sie zu sich nach Hause einladen und wen nicht oder wer in ihrem Hause Aufenthalt nehmen darf und wer nicht. **Dann wäre dieses Leben verstaatlicht und die Person enteignet.**

Mit Staaten als der organisierten politischen Einheit einer politisch organisierten Gemeinschaft ist es genauso. Es muß die unbegrenzte politische Freiheit dieser Gemeinschaft sein, inappellabel ›ja‹ oder ›nein‹ zur Einwanderung zu sagen, ihre Tore zu öffnen oder geschlossen zu halten oder in ihrem Sinne Einwanderung zu regeln und an Bedingungen zu knüpfen. Auch das Asylrecht ist nur ein Konventionsrecht und eine eng begrenzte – Ausnahmen sind immer streng zu handhaben – Ausnahme. Die Tatsache, daß ich persönlich für ein großzügiges, aber nicht naiv formuliertes! Einwanderungsregime bin, vernichtet nicht das genannte politische Recht einer politischen Gemeinschaft. **Ganz im Gegenteil, ein Naturrecht auf Einwanderung würde die Substanz und das Wesen dieser politischen Einheit zerstören und sie schließlich und die sie tragende Nation enteignen.**

Ein Staat und ein Volk oder ein Bund von Völkern, die Einwanderung passiv hinnehmen müssen, werden als zu schwach verschwinden. Ein gegen den Willen eines Staates bzw. dessen Souveräns erzwungenes Einwanderungsrecht wäre eine Entrechtung und Enteignung eines ganzen Staates und einer ganzen Nation.

6 Nun zum Text dieses »Pakts von Marrakesch«. Schon mit der Bezeichnung beginnt ein Qualifikationsproblem. Im englischen Text, von dem ich ausgehe, wird dieser als »Compact« bezeichnet. Im Englischen werden völkerrechtliche Verträge üblicherweise als ›treaty‹ bezeichnet. ›Compact‹ bedeutet gemäß dem *Compact Oxford Dictionary*[2] »a formal agreement or contract«, also eine formale Vereinbarung oder Vertrag, abgeleitet vom lateinischen Wort *compacisci* (›mit jemandem eine Bindung eingehen‹).

Im Text selbst wird nicht von »*obligations*«, sondern von »*commitments*« gesprochen. »*Obligation*« bedeutet im Englischen unter anderem eine rechtliche Verpflichtung[3] , ein »*commitment*« ist eine freiwillige Absichtserklärung, etwas tun zu wollen[4], zum Beispiel die Erklärung einer Regierung, künftig mehr Gelder für Wissenschaft und Forschung im Haushalt zur Verfügung stellen zu wollen.

Entscheidend für die Frage, ob ein völkerrechtlicher Vertrag vorliegt, ist nicht die bloße Form eines völkerrechtlichen Vertrages, sondern der Wille

---

[2] Oxford University Press, 3rd edition, 2005, S. 196.
[3] Oxford, ebenda, S. 698.
[4] Oxford, ebenda, S. 194.

KOMMENTAR

zur Herbeiführung einer Rechtsfolge. Eine Folge von Absichterklärungen wie zum Beispiel die Schlußakte der KSZE ist kein völkerrechtlich verpflichtender Vertrag.[5]

Daß gemäß der österreichischen Rechtsordnung die äußerste Grenze des Wortsinns die Grenze der Interpretation bildet, ist unumstritten. Jedoch ist eine »ergänzende Rechtsfortbildung« mittels Analogie und teleologischer (zweckorientierter) Reduktion methodologisch grundsätzlich zulässig.[6] Daß der EuGH europarechtlich eine dynamisch-zweckorientierte Weise der Interpretation anwendet, ebenfalls.

Im Völkerrecht gilt der schöne Satz von DE VISSCHER:[7] »Die Auslegung internationaler Verträge hat ihre eigene Logik, die manchmal von der Auslegung privater Verträge abweicht.«

Die Rechtssprechung internationaler Gerichtshöfe folgt zwar oft der gewöhnlichen Wortbedeutung, sie ist aber im Bereich einer effektiven oder einschränkenden Auslegung nicht einheitlich.[8]

LAUERPACHT[9] verweist darauf, daß bei unklarer Absicht der Parteien ein völkerrechtlicher Vertrag so ausgelegt werden müsse, daß er dem allgemeinen Völkerrecht entspräche. Hinter der Oberfläche der Auslegung harret der gesamte juristische Hintergrund, ja geradezu der soziologische Hintergrund, der Entwicklung, der Evolution des Völkerrechts, die eben keine rein akademische, voller rein theoretischer Fragen seiend, sondern eine höchst praktische Bedeutung habe. Natur, Wachstum und Funktionen des Völkerrechtes sind gerade seit 1945 dynamisch entwickelt worden.

---

[5] NEUHOLD–HUMMER–SCHREUER, *Handbuch des Völkerrechts*, Band 1, Wien 1997, S. 55, RZ 278.

[6] KERSCHNER, *Wissenschaftliche Arbeitstechnik und -methodik für Juristen*, WUV Universitätsverlag, 4. Auflage, Wien 1997, S. 33–42.

[7] Charles DE VISSCHER, *Theory and Reality in: Public international law*, Princeton, 1957, S. 249. Originaltitel: *Théories et réalités en droit international public.* Éditions A. Pedone, Paris 1953, S. 303 f.

[8] NEUHOLD–HUMMER–SCHREUER, aaO., Bd. 2 , S 77 ff.

[9] Hersch LAUTERPACHT, *The development of International Law by the international Court*, Steven & Sons, London 1958, S. 27–30 u. 169 f.

DE VISSCHER betont[10], daß es vor allem um die Auseinandersetzung um staatliche Individualität und Souveränität gehe. Die Frage war, ob angesichts der Tatsache, daß sich Staaten oftmals trotz entgegenstehender Beteuerungen sich möglichst wenig binden wollen, Begrenzungen der Souveränität eng oder weit auszulegen sind. Dies führte in der Vergangenheit zu einer strengen Auslegung der die Individualität der Staaten betreffenden Regeln. Aber gerade die Auslegung multilateraler, unter der Ägide der UN verhandelter Verträge hat dies schon seit Jahrzehnten geändert. Und wörtlich: »Die Ausarbeitung von Konventionen innerhalb der Vereinten Nationen wird unter ganz besonderen psychologischen und politischen Bedingungen durchgeführt. Sie genießt weder die Entschiedenheit der Positionen, die die Verfolgung klar definierter nationaler Ziele für die Verhandlung bilateraler Verträge mit sich bringt, noch die bewährten Methoden des Gesetzgebungsentwurfs.«[11]

Enthusiastisch werde begonnen, um dann zu entdecken, daß keine echte Willensübereinstimmung vorliege, so daß manche Konventionen eines frühen »Kindestodes« stürben.

War das Völkerrecht früher von Normenarmut geprägt, so erkennen wir heute fast eine Überfülle an Normen und Konventionen, so daß sich die Frage stellt, ob die Staaten und sonstigen Völkerrechtssubjekte noch einen Überblick über die sie betreffenden Rechte und Pflichten haben.

Der freie Wille der Vertragsparteien macht aus einem von ihnen akzeptierten Text den einzigen und endgültigen Ausdruck ihrer gemeinsamen Absicht. Eine dies verneinende Auslegung kann es nur geben, wenn bewiesen ist, daß der Text mit der Absicht oder den Absichten nicht übereinstimmt. Dies kann ein Staat aber nur mit eindeutigen, klaren und unmißverständlichen **Vorbehalten** erreichen.

Es ist gerade das besondere Ziel solcher multilateralen Verträge, organische Begrenzungen der staatlichen Souveränität aufzuerlegen, um Staaten politisch zu disziplinieren, damit sie dem höheren Zweck der Internatio-

---

[10] DE VISSCHER, *Théories et réalités en droit international public.*, S 303–308.
[11] DE VISSCHER, ebenda, S. 306.

nalen Organisation (IO), der sie angehören, dienen. Aporetische Konflikte zwischen dem Zweck der IO und den Rechten der Mitgliedsstaaten werde es immer geben.

Ausdrücklich betont DE VISSCHER[12], daß von überragender Bedeutung bei der Auslegung derartiger Verträge die herrschende Idee oder der grundlegende Entwurf sei, die zu ihrem Abschluß geführt hätten, falls diese Idee völlig unbestritten sei.

Der Pakt bezeichnet sich als »*non-legally binding, cooperative framework*«, »also als eine nicht-juristische Rahmenordnung bindender Zusammenarbeit«. Was das juristisch bedeuten soll, ist völlig unklar. Zu prüfen ist, ob eine Reihe politischer Absichtserklärungen vorliegt oder wirklich Verpflichtendes oder gar eine Kette dilatorischer, das heißt die Entscheidung in der Sache herausschiebender Formelkompromisse vorliegt oder ob das Gesamtwerk die Qualität hat, sich nach und nach zu einem juristisch verpflichtenden Vertragswerk zu verdichten.

Auf der Grundlage der zitierten Kommentare und Autoren ist zu sagen, daß es möglich, ja wahrscheinlich ist, daß in künftigen Entscheidungen der Pakt ›schöpferisch‹ als ein juristisch verpflichtendes, umfassendes globales, die Souveränität der Staaten sehr stark begrenzendes Ordnungssystem interpretiert werden wird, in das wegen der Phrasenhaftigkeit der Formulierungen und der offenkundigen Abneigung oder Unfähigkeit des Paktes, präzise Definitionen und klare Begriffe zu verwenden, alles Mögliche hineininterpretiert werden kann. Falls Staaten in Zukunft, plötzlich die Dynamik dieses Paktes erkennend, argumentieren wollten, daß das Ganze doch nicht so ernst gemeint war und eigentlich ein unverbindliches Andenken von Möglichkeiten gewesen wäre, könnte dies mit der *rule of estoppel*, dem *venire contra factum proprium*[13] widerlegt werden; also mit dem Argument, daß das sehr detailliert festgelegte Rahmenwerk eine Tatsache sei, die dem behaupteten Willen, nur Unverbindliches festzulegen – gewissermaßen als *aide mémoire* –, widerspräche.

---

[12] DE VISSCHER, ebenda, S. 307.
[13] *venire contra factum proprium:* Zuwiderhandlung gegen das eigene frühere Verhalten.

7 Zur Präambel und dem Kapitel über die Vision und Leitprinzipien ist zu sagen:

Historisch völlig unkritisch und undifferenziert wird Migration als Teil menschlicher Erfahrung durch die Geschichte bezeichnet und die Behauptung aufgestellt, daß Migration in einer globalisierten Welt eine Quelle des Wohlstands, der Innovation und der nachhaltigen Entwicklung sei. Das ist Phrase und ein Glaubenssatz, aber sicherlich keine beweisbare historische Tatsache. Dieses *credo* will natürlich nicht im Popperschen Sinne falsifiziert werden. Besonders störend und den Pakt eigentlich unverständlich machend, ist es, daß der Begriff ›Migration‹ nicht definiert wird. Eine klare, eindeutige Definition aller wesentlichen Begriffe sollte eigentlich an der Spitze der Präambel stehen. Erschließen läßt sich nur, daß zwischen Migranten und Konventionsflüchtlingen unterschieden wird.

Auffallend ist die Phrasenhaftigkeit und das Aufstellen unbewiesener Behauptungen. Wenn in Punkt 11 behauptet wird, daß ein allumfassender (*»360-Grad-Perspektive«)* Überblick geboten werde, so stellt sich sofort die Frage, wieso Alteingesessene nicht erwähnt werden.

So behauptet der erste Satz des Punktes 13: » *Mit dem Globalen Pakt wird anerkannt, daß eine sichere, geordnete und reguläre Migration dann für alle funktioniert, wenn sie auf der Basis von guter Information, Planung und Konsens stattfindet.*« Sicherlich ist es besser, schön, gescheit, gesund und reich zu sein als arm, häßlich, krank und dumm. Der Pakt oder dessen Verfasser scheinen selbstverliebt in die Phrase, den Jargon und das Wünschenswerte und gut Klingende zu sein. Substanz hat es aber mangels konkreter Definitionen und klarer Begriffe nicht. Viel wird von ›Globalisierung‹ gesprochen, aber wenig überraschend wird dieser zentrale Begriff nicht definiert. Was heißt denn »informiert, geplant und übereinstimmend«? Wer informiert, wer plant und wer stimmt überein? Wer definiert und wer entscheidet? Der Pakt, dessen Verfasser, künftige, im Rahmen dieses Paktes gegründete Internationale Organisationen, die UN, die Staaten, NGOs, die Migranten, die Alteingesessenen? Bei einer Abfolge von Leerformeln stellt sich die Frage, wer einmal in Zukunft diese Formeln mit Inhalt erfüllen wird oder kann.

KOMMENTAR

Fast ausschließlich werden die Interessen und Bedürfnisse der Migranten angesprochen, von den Interessen und Bedürnissen der Alteingesessenen ist nicht oder nur indirekt die Rede. Das verstößt aber massiv gegen einen Grundsatz der Mediation und der alternativen Streitbeilegung, daß die Interessen und Bedürfnisse aller Konfliktpartner zu berücksichtigen sind.

Diese völlige Einseitigkeit geht auch aus dem letzen Satz des Unterabschnittes »Menchenrechte« des Punktes 15. hervor, der besagt: »*Wir bekräftigen außerdem die Verpflichtung, alle Formen der Diskriminierung, einschließlich Rassismus, Fremdenfeindlichkeit und Intoleranz, gegenüber Migranten und ihren Familien zu beseitigen.*« Mit der Generalformel »alle Formen von...« kann man *in extremis* auch jede skeptische, vorsichtige, abwägende Stellungnahme zu Migration und Migranten abwürgen. Und könnte nicht in der Zukunft argumentiert werden, daß Migranten sofort volle politische Rechte, insbesondere das Wahlrecht, haben dürfen? Dies würde dann die politische Substanz des Staates zerstören. Und wieso berücksichtigt der Pakt nicht, daß Migranten eine ablehnende oder feindselige Einstellung zu den Alteingesessenen haben könnten und es auch Aggressivität gegenüber diesen geben könnte?

Ich unterscheide bei »menschlichen Wanderbewegungen« wie folgt:

a) Einwanderung Fremder in ein Gebiet auf Grund der klaren Entscheidung und des Willens des jeweiligen Souveräns, wobei Rechte und Pflichten der Fremden klar festgelegt werden. Dies waren zum Beispiel die deutsche Ostkolonisation, die Ansiedlung der sogenannten ›Donauschwaben‹ unter Maria Theresia in entvölkerten Gebieten Ungarns, das Edikt von Potsdam zu Gunsten der Hugenotten oder die Einwanderungspolitik der US im 19. Jahrhundert. Meistens werden wie in Punkt 33 des Allgemeinen bürgerlichen Gesetzbuchs (ABGB, Urfassung) Fremden gleiche bürgerliche Rechte eingeräumt; politische Rechte vorbehalten oder begrenzt.

b) Landnahme: die Aneignung eines besiedelten oder unbesiedelten Gebietes durch ein Volk oder einen Stamm, mit oder gegen den Willen der ›Eingeborenen‹ – ein in Punkt 33 der Urfassung des ABGB verwendeter Begriff – , also der Alteingesessenen unter Schaffung einer eigenen politischen Ordnung. Die Völkerwanderung in das Weströmische Reich ist dafür ein Beispiel.

c) Kolonisation: Die wirtschaftlich, politisch, religiös oder ideologisch begründete Inbesitznahme eines Gebietes unter Unterwerfung oder Verdrängung der ›Eingeborenen‹ und Aufbau einer neuen kulturellen Ordnung, die auch die Assimilation und Einbindung der ›Eingeborenen‹ umfassen kann. Sowohl Ausbeutung als auch landpflegliche Vorgangsweise gehen Hand in Hand. Ein Beispiel sind die altgriechische, europäische oder chinesische Kolonisationen.

d) Eroberung: die gewaltsame, militärisch organisierte, politisch oder religiös motivierte Inbesitznahme eines Gebietes und Unterwerfung der Bevölkerung, die Ausbeutungsobjekt wird. Beispiele wären die hellenistische Ptolemaerherrschaft in Ägypten oder die mohammedanische Expansion ab dem 7. Jahrhundert.

e) Verwüstung: Raubzuge, Razzien, Sklavenjadgen mit dem Ziel, Beute zu machen oder ein Gebiet auszuplündern und zu zerstören. Hunnen und Awaren, Mongolen und Ungarnstürme, Razzien arabischer Sklavenjäger gegen europäische Küstengebiete bis in das 18. Jahrhundert und in Afrika bis weit in die zweite Hälfte des 19. Jahrhunderts, europäische und nichteuropäische Piraten und Freibeuter fallen als geschichtliche Beispiele ein.

f) Zeitlich begrenzte Änderung des Aufenthaltsortes durch Einzelne oder Gruppen: Urlaube, Arbeitseinsätze, Studienaufenthalte, Versetzungen im Rahmen transnationärer Unternehmen und dergleichen.

Was nun die »Migration« gemäß des Paktes sein soll, bleibt fraglich. Ist es Migration gemäß meiner Punkte a) und f), dann fragt man sich, was denn da nicht national, bilateral oder regional zwischen zwei oder einer begrenzten, überschaubaren Anzahl von Staaten geregelt werden könnte und ob es überhaupt organisatorisch, politisch, kulturell und wirtschaftlich möglich und sinnvoll ist, von A bis Z, von Afghanistan bis Zambia, von Tuvalu bis zu den USA ein globales Gerüst zu zimmern.

KOMMENTAR

8 Es sei betont, daß gemäß Punkt 15 der Präambel die nationale Souveränität betont und das souveräne Recht der Staaten bekräftigt wird, ihre eigene Migrationspolitik festzulegen und das Vorrecht haben, Migration im Rahmen ihrer Zuständigkeit zu regeln. Es bleibt jedoch der Vorbehalt »*im Einklang mit dem Völkerrecht*«. Die Migrationspolitik müsse also völkerrechtskonform sein. Staaten dürfen auch souverän entscheiden, was für sie geregelte, ordnungsgemäße Migration oder ungeregelte, ordnungswidrige Migration ist.

Was aber, wenn in künftiger Auslegung des Paktes dieser eine rechtlich verbindliche Ordnung wird? Dann müßte sich ein Staat jedenfalls als Einwanderungsland zu den im Pakt genannten Bedingungen ansehen und könnte nicht mehr endgültig und abschließend darür entscheiden, Einwanderungs- oder eben kein Einwanderungsland zu sein. Dann aber gäbe es plötzlich ein Recht auf Einwanderung eines jeden Menschen in einen Staat seiner Wahl, ohne daß dieser Staat oder dessen Souverän, also heute zumeist die Staatsnation, dem zustimmen müßte oder dies ablehen könnte. Das geht auch daraus hervor, daß im 3. Absatz des Punktes 15 »Der Pakt«, also die ihn verfaßt und unterschrieben Habenden, »anerkenne«, daß kein Staat Migration alleine angehen könne und internationale, regionale und bilaterale Zusammenarbeit und Dialog verlange. Das ist ein Glaubenssatz, aber keine empirische Erkenntnis. Auch der zweite Satz des Punktes 11. behauptet: »*Kein Land kann die mit diesem globalen Phänomen verbundenen Herausforderungen und Chancen allein bewältigen.*« Wieso kann ein Staat die ihn betreffende Migration nicht allein regeln, sei es durch komplette Ablehnung dieser oder durch eine an seinen eigenen Interessen orientierte Einwanderungsordnung? Ein Staat kann mit anderen Staaten Vereinbarungen treffen, und dies mag auch in vielen Fällen sachlich vernünftig sein, zwingend ist es aber nicht, wie die Einwanderungspolitik der Staaten in der Vergangenheit es zeigt. Internationale oder regionale Kooperation mag von Fall zu Fall sinnvoll und nützlich sein, ich bin kein Befürworter des »*go alone*«-Prinzips, aber dogmatisch in einem Text festzulegen, daß *nur* eine globale Kooperation sinnvoll sei, ist unsachlich. Gerade diese Formulierungen sind ein dilatorischer Formelkompromiß, da nur die eindeutige Feststellung, daß jeder Staat entgültig und ohne sich erklären oder rechtfertigen zu müssen, berechtigt sei, seine Migrationspolitik nach eigenem Gutdünken festzulegen und auch jederzeit zu ändern, die Souveränität in diesem Bereich garantieren könne. **Die wiederholt angeführte »*non legally*«, also nicht eine Rechtsnorm sein sollende Qualität des Paktes, ist eine Mogelpackung.**

9 Zu dem System der »*Verpflichtungen*« ist folgendes zu sagen:

Grundsätzlich fällt auf und befremdet, dies muß immer wieder betont werden, daß nur von den Migranten und deren Interessen und Bedürfnissen die Rede ist, nicht aber von den »Alteingesessenen« und deren Interessen und Bedürfnissen. Selbst wenn man ein liberales Ein- und Auswanderungsregime befürwortet, müssen im Sinne eines geordneten und fair balancierten Systems die Interessen und Bedürfnisse der Alteingesessenen anerkannt und berücksichtigt werden. **Der Denkansatz des Paktes ist schon allein aus diesem Grunde verfehlt und mangelhaft.**

Auffallend ist die Phrasenhaftigkeit, ebenso die große Anzahl an Leerformeln sowie die Abwesenheit klarer Definitionen. Das kann gar nicht oft genug betont werden.

In einem »*Kooperationsrahmen*« werden 23 Zielvorstellungen formuliert, die ich kurz kommentiere.

(1) »*Erhebung und Nutzung korrekter und aufgeschlüsselter Daten als Grundlage für eine Politikgestaltung, die auf nachweisbaren Fakten beruht.*« Von wem gesammelt? Von den Staaten, einer Internationalen Organisation (IO), NGOs? Und werden diese rechtzeitig gesammelt sein und wer entscheidet, wie die Daten zu bewerten sind? Übrigens: Das Wort ›*disaggregated*‹ (aufgeschlüsselt) in der englischen Originalfassung gibt es gemäß *Compact Oxford Dictionary* gar nicht, und es fragt sich, welches Kauderwelsch in diesem Pakt gesprochen wird.

(2) »*Minimierung nachteiliger Triebkräfte und struktureller Faktoren, die Menschen dazu bewegen, ihre Herkunftsländer zu verlassen.*«

KOMMENTAR

Wie soll das funktionieren, ohne massiv in die politische und wirtschaftliche Ordnung sogenannter »*failed states*«, also gescheiterter oder sich in einer fundamentaler Krise befindlicher Staaten einzugreifen? Welch ›blendende‹ Ergebnisse derartige Interventionen haben, sieht man an den Beispielen Afghanistan, Irak und Somalia. Außerdem werden sich viele Staaten der sogenannten Dritten Welt diese Eingriffe als ›Neokolonialisms‹ verbieten.

(3) »*Bereitstellung korrekter und zeitnaher Informationen in allen Phasen der Migration.*« Wer informiert wen? Die Staaten, eine IO, NGOs?

(4) »*Sicherstellung dessen, daß alle Migranten über den Nachweis einer rechtlichen Identität und ausreichende Dokumente verfügen.*« Durch wen soll das erfolgen? Den Ausreisestaat, den Einreisestaat, eine IO? Wie soll das funktionieren, wenn sogar menschenrechtliche Bedenken gegen eine Altersfeststellung erhoben werden?

(5) »*Verbesserung der Verfügbarkeit und Flexibilität der Wege für eine reguläre Migration.*« Wiederum stellt sich die Frage, durch wen? Diese Zielvorstellung schließt im übrigen eine skeptische und ablehnende Einstellung eines Staates zur Zuwanderung aus. Wo bleibt da dessen souveränes Recht auf Entscheidung?

(6) »*Förderung einer fairen und ethisch vertretbaren Rekrutierung von Arbeitskräften und Gewährleistung der Bedingungen für eine menschenwürdige Arbeit.*« Es gibt schon lange eine IO, genannt ›International Labour Organisation‹ (ILO), in der Staaten, Unternehmerverbände und Gewerkschaften zusammenarbeiten. Wird hier das Rad neu erfunden, oder wurden – ganz allgemein gesprochen – all diese Nettigkeiten am Ponyhof von höheren BoBotöchtern formuliert?

(7) »*Bewältigung und Minderung prekärer Situationen im Rahmen von Migration.*« Ach, ja klingt gut und fein. Können auch Altein-

gesessene durch Migration verletzt werden?

(8) »*Rettung von Menschenleben und Festlegung koordinierter internationaler Maßnahmen betreffend vermißte Migranten.*« Selbstredend, und wieder stellt sich die Frage, wer das tun soll? Eine große IO, mit all den produktiven Merkmalen einer formularproduzierenden und alle wirklich Produktiven belästigenden Bürokratie, eine Heerschar internationaler Beamter kann man mit dieser und all den anderen Zielvorstellungen begründen.

(9) »*Verstärkung der grenzübergreifenden Bekämpfung der Schleusung von Migranten.*« Und wenn ein Staat gegen angebliche Seenotretter vorgeht, wird laut protestiert.

(10) »*Prävention, Bekämpfung und Beseitigung von Menschenhandel im Kontext der internationalen Migration.*« Menschen- und Sklavenhandel sind schon seit langem verboten. Wieder einmal wird das Rad erfunden.

(11) »*Integriertes, sicheres und koordiniertes Grenzmanagement.*« Ganz so, wie die EU das mit den Schengen- und Dublin-Systemen zeigt. Die Kontrolle der Einreise und Durchreise ist eine Kernkompetenz des Staates; diese auf eine andere Institution zu übertragen ist unsinnig (UNsinn?) und unpraktisch.

(12) »*Stärkung der Rechtssicherheit und Planbarkeit bei Migrationsverfahren zur Gewährleistung einer angemessenen Prüfung, Bewertung und Weiterverweisung.*« Bedeutet dies ein weltweit einheitliches Verfahrensregime?

(13) »*Freiheitsentziehung bei Migranten nur als letztes Mittel und Bemühung um Alternativen.*« Dies zerstört die Schubhaft, die ja keine Strafhaft, sondern ein Sicherungsmittel ist, fast vollständig. Dies ist ein weiteres Beispiel für die Aushöhlung staatlicher Kompetenzen und Autorität.

KOMMENTAR

(14) »*Verbesserung des konsularischen Schutzes und der konsularischen Hilfe und Zusammenarbeit im gesamten Migrationszyklus.*« Dies ist bereits durch die Schutz-, Förderungs- und Behördenfunktion der Konsularorganisation gegeben.[14] Hat denn keiner der Verhandler den konkreten Stand des Völkerrechts beachtet? Wurde, durch Wunschdenken motiviert, einfach drauflos formuliert? Sehr professionell wirkt das nicht.

(15) »*Gewährleistung des Zugangs von Migranten zu Grundleistungen.*« Wird damit ein weltweiter Wohlfahrtsstaat gegründet? Es ist volkswirtschaftlich unmöglich, Sozialleistungen über eine ganz konkrete Population hinaus Dritten zu versprechen, da damit die kalkulatorische Grundlage, die budgetären Erwägungen zwischen Anzahl der Berechtigten, Art und Höhe der Sozialleistungen und aufzubringender Steuermittel aus dem Lot kommen. Erhöht sich durch Migration die Anzahl der Berechtigten in einer unabsehbaren Weise, wird die sachgemäße Kalkulation ge- oder zerstört, was dann nicht mehr durch einen ordnungsgemäßen Haushalt gemäß angemessenem Steueraufkommen, sondern nur durch Verschuldung finanziert werden kann. Das ist Unsinn. Der Begriff ›grundlegend‹ wird weiter und weiter ausgelegt werden, und die Begehrlichkeiten werden steigen und steigen.

(16) »*Befähigung von Migranten und Gesellschaften zur Verwirklichung der vollständigen Inklusion und des sozialen Zusammenhalts.*« Das ist ›social engineering‹, also technisch-bürokratische Steuerung gesellschaftlicher Prozesse in Reinkultur und funktioniert, wie historische Beispiele zeigen, nicht. Ganz allgemein fällt auf, daß diejenigen, die den Pakt formulierten, offenbar von ihren eigenen Steuer- und Planungsbefähigungen voll und ganz überzeugt sind. Das widerspricht kybernetischen und ordnungspolitischen Erkenntnissen und kann nur als ›ideologisch motivierte Tagträumerei‹ bezeichnet werden.

---

[14] NEUHOLD–HUMMER–SCHREUER, aaO., Bd. 1, RZ 1608 ff.

(17) »*Beseitigung aller Formen der Diskriminierung und Förderung eines auf nachweisbaren Fakten beruhenden öffentlichen Diskurses zur Gestaltung der Wahrnehmung von Migration.*« Wiederum werden ›alle Formen‹ der Intoleranz usw. bekämpft. Auf Grund der Schwammigkeit all dieser Formulierungen bedeutet dies, daß jede skeptische, oder vorsichtige, oder zurückhaltende Stellungnahme zur Migration als ›xenophob‹ usw. gekennzeichnet werden kann. Dieser Abschnitt ist ein geradezu totalitäres Gerüst; das globale Wahrheitsministerium läßt grüßen, und offenbar wird eine Formung der öffentlichen Meinung angestrebt, die an totalitäre Tyranneien des 20. Jahrhunderts erinnert. In Vielfalt und Toleranz vereint, dürfen dann alle rufen »Vierbeiner gut, Zweibeiner schlecht«, also in concreto »Migranten gut, Skeptiker schlecht.« Wissen diejenigen, die den Pakt formuliert haben, welche Konsequenzen in ihren Vorschlägen stecken?

(18) »*Investition in Aus- und Weiterbildung und Erleichterung der gegenseitigen Anerkennung von Fertigkeiten, Qualifikationen und Kompetenzen.*« Dies wird Staaten erfreuen, die ein schlechtes Schul- und Ausbildungssystem haben. Die Konsequenz wird nicht sein, daß jene ihr Ausbildungssytem verbessern, sondern daß Staaten mit funktionierendem Ausbildungssytem auch noch die Ausbildung ungebildeter Migranten übernehmen sollen, was nur zu einer Überlastung bestehender Systeme und zu deren Zusammenbruch führen würde. Und soll das bedeuten, daß funktionierende Staaten ohne Wenn und Aber Schulzeugnisse der DVR Ruritanien anzuerkennen haben? Skepsis könnte leicht als ›Rassismus‹ bezeichnet werden.

(19) »*Herstellung von Bedingungen, unter denen Migranten und Diasporas in vollem Umfang zur nachhaltigen Entwicklung in allen Ländern beitragen können.*« Die Phrase der »nachhaltigen Entwicklung« hat noch gefehlt. Hier ist sie. Auch hier könnte einer zügelosen Kommandowirtschaft und einem überbordenden Dirigismus Tür und Tor geöffnet werden.

KOMMENTAR

(20) *»Schaffung von Möglichkeiten für schnellere, sicherere und kostengünstigere Rücküberweisungen und Förderung der finanziellen Inklusion von Migranten.«* Das wird bereits am freien Markt durch private Institutionen angeboten. Was eine »finanzielle Einbindung« der Migranten bedeuten soll, will sich mir nicht erschließen. Daß Migranten gemäß ihrer Bonität und Leistungskraft entsprechende Möglichkeiten (Bankkonto, Kredite) haben, ist nicht neu. Aber ich höre bereit jetzt das Argument, daß Bonitätsprüfungen von Migranten diskriminierend und xenophob seien.

(21) *»Zusammenarbeit bei der Ermöglichung einer sicheren und würdevollen Rückkehr und Wiederaufnahme sowie einer nachhaltigen Reintegration.«* Auch hier zeigt sich die gouvernantenhafte Einstellung der Verfasser des Paktes. Gescheiterte Existenzen werden also 1. Klasse fußfrei auf Kosten des Aufenthaltsstaates zurückgebracht, die »Re-integration« darf dann auch dieser Staat, sprich die modernen Industriestaaten, finanzieren, da »die es ja dicke haben«.

(22) *»Schaffung von Mechanismen zur Übertragbarkeit von Sozialversicherungs- und erworbenen Leistungsansprüchen.«* Internationale Sozialversicherungsabkommen existieren bereits. Daß bei Sozialleistungen die Kaufkraft im Auszahlungsstaat und die Kaufkraft im Empfangstaat berücksichtigt werden muß, da es sonst zu volkswirtschaftlichen Verzerrungen kommt, ist nicht höhere Mathematik, bleibt aber völlig unberücksichtigt. Mit dieser Zielvorstellung läßt sich ein globaler Wohlfahrtsstaat begründen, bei dem sich nur noch die Frage stellt, wer dies finanziert und wer dann noch arbeiten will.

(23) *»Stärkung internationaler Zusammenarbeit und globaler Partnerschaften für eine sichere, geordnete und reguläre Migration.«* Migration als solche wird bejaht und jede Möglichkeit, einem weltweiten Migrationsregime auszuweichen oder restriktiv vorzugehen, verwehrt.

DER UN-MIGRATIONSPAKT

Zusammenfassend kann man nur von volkswirtschaftlich sinnlosen, nicht realisierbaren und die Kraft der Staaten aber auch der IO weit übersteigenden Zielvorstellungen sprechen, eine Ansammlung weltfremder Phrasen und Vorstellungen aus dem Wolkenkuckucksheim. Wer nach hundert Jahren Erfahrung mit zentralen Kommando(wirtschafts)systemen ein solches weltweit mit diesem Pakt schaffen will, lebt in einer ideologisch begründeten und verfaßten Scheinwelt, und nicht in der harten Wirklichkeit. Das ganze System geht ohne jede weitere volkswirtschaftliche oder weltwirtschaftliche Überlegung und Berechnung zu Lasten der Industriestaaten und der alteingesessenen Bevölkerungen.

10 Der amerikanische Ökonom Milton FRIEDMAN bemerkte einmal, daß man Wohlfahrtsstaat und geschlossene Grenzen haben könne oder offene Grenzen und keinen Wohlfahrtsstaat, aber es unmöglich sei, einen Wohlfahrtsstaat und offene Grenzen zu haben. Dies würde zu einem völligen Substanzverzehr führen. Hong Kong ist ein gutes Beispiel für ein ordoliberales Konzept. Die Einreise ist grundsätzlich jedem möglich und ein Dreimonatsvisum an der Grenzkontrollstelle schnell erteilt, jegliche Komponenten eines Sozial- oder Wohlfahrtsstaates fehlen. Ergebnis: eine begrenzte Anzahl fleißiger, arbeitsamer Migranten ohne jedwede wohlfahrtsstaatliche Begehrlichkeit.

Volkswirtschaftlich wie philosophisch – siehe Karl POPPER[15] – ist der Wohlfahrtsstaat höchst bedenklich: erstens überhaupt und zweitens in der gegebenen historischen Situation der derzeitigen ›Migrationen‹. Der große deutsche Wissenschaftler Werner HEISENBERG entdeckte in den zwanziger Jahren des vorigen Jahrhunderts – ist schon eine Weile her, aber

---

[15] »*So lernen wir denn auch gerade jetzt, daß die große Idee des Wohlfahrtsstaates ihre Grenzen hat. Es zeigt sich, daß es gefährlich ist, einem Menschen die Verantwortung für sich und seine Angehörigen abzunehmen, und vielleicht ist es in vielen Fällen bedenklich, den jungen Menschen den Lebenskampf zu sehr zu erleichtern. Es scheint, daß durch das Wegfallen der unmittelbaren persönlichen Verantwortung das Leben für manche seines Sinnes beraubt werden kann.*« POPPER 1981 beim Symposium »25 jahre Staatsvertrag«ÖBV, Wien 1981, S. 118–122.

KOMMENTAR

den meisten Politikern unbekannt –, daß große Menschenmengen sich unabhängig vom freien Willen der Einzelnen gemäß den Naturgesetzen verhalten.

Eines dieser Gesetze ist das zweite Gesetz der Thermodynamik. Im Grunde genommen besagt es, daß in der Natur Potentialdifferenzen tendenziell ausgeglichen werden. Das bedeutet – wie zum Beispiel in der südafrikanischen Geschichte oder im Europa des 19. Jahrhunderts geschehen –, daß arme Landbewohner in Stadtgebiete wandern, daß wohlhabende Gebiete arme Menschen anzieht und daß Unterschiede in der Demographie wie zum Beispiel niedere und hohe Geburtenraten Wanderungsbewegungen verstärken. Das bedeutet nicht, daß nichts gegen eine unerwünschte Migration getan werden kann, wie das australische Beispiel beweist, sondern daß die Wurzeln des Problems europäische und nordamerikanische Wurzeln, vor allem demographische Gründe haben, also bei den Industriestaaten liegen. **Anstatt einer klaren demographischen Kurskorrektur wird aber ein Migrationspopanz aufgebaut.**

Ein Wohlfahrtsstaat, ein System, das ein bedingungsloses Grundeinkommen und eine Menge von ›Gratisleistungen‹ und Alimentationen anbietet und das alles noch mit menschenrechtlichen Phrasen garniert, ist für arme Massen aus vorindustriellen Gesellschaften äußerst anziehend. ›Industrie‹ im lateinischen Sinne des Wortes heißt ›Fleiß‹, ›harte Arbeit‹. Unser Wohlstand basiert auf harter, produktiver, wirtschaftlich sinnvoll organisierter Arbeit mehrerer Generationen, und nicht auf staatlichen Interventionen, Alimentationen oder Schulden der öffentlichen Hand. Wer kann andererseits einem mühelosen Einkommen schon widerstehen?

Wenn noch heute sich manche Politiker weigern, einer Flüchtlingsobergrenze zuzustimmen und auf der anderen Seite einem exzessiven, mit dieser typischen deutschen Gründlichkeit und Sturheit organisierten Wohlfahrtsstaat vorstehen, ist das ein Angebot an die ganze Welt, zu kommen, abzukassieren und sich vom Reisestreß in der Hängematte zu erholen. Aber damit sind dann die Substanz und das Wesen eines modernen Industriestaates zerstört. Wenn man dann noch die Tatsache erkennt, daß viele dieser zuströmenden Menschen Fremde sind, an deren Arbeitswilligkeit, Arbeitsfähigkeit und Assimilationsbereitschaft gezweifelt werden darf, erhält man eine politisch wie volkswirtschaftlich sehr bedenkliche Situation.

Der Wohlfahrtsstaat zersetzt die Industriegesellschaft. Der Erfolg einer freien Wirtschaft beruht auf Fleiß, dem Willen zu vernünftiger, harter Arbeit und dem überlegten Gebrauch sowie der weiteren Entwicklung technischer Geräte, Erfindungen, Patente und aller Arten geistigen Eigentums, und nicht auf esoterischen oder energetischen Phantastereien. **Ein Wohlfahrtsstaat demoralisiert und ist ein Weg zur Knechtschaft. Das ist besonders gefährlich, wenn es mit wanderndem Tribalismus verbunden ist, wenn also wie in Europa in den letzten Jahrzehnten es Kulturfremden unter einem humanitären Vorwand gestattet wird, sich niederzulassen.** Wer heute ›Menschenrechte‹ sagt oder gegen eine klare Sachpolitik menschenrechtliche Bedenken anführt, der führt bewußt oder unbewußt eine unhaltbare Situation herbei und betreibt Illusionsökonomie und Illusionspolitik. In der Vergangenheit wurde die Einwanderung durch den Willen zu harter Arbeit, den Willen, seine Lebensumstände zu verbessern, angetrieben. Die Auswanderer aus Europa im 19. Jahrhundert hatten diesen Willen. Viele Gastarbeiter, die zu uns seit den fünfziger Jahren gekommen sind, hatten und haben diesen Willen und können daher willkommen sein. Eine durch Alimentationen motivierte tribalistische Migration ist abzulehnen, da sie zerstörerisch ist.

11 Die Ablehnung des Paktes wird sicherlich als ›nationalistisch‹ kritisiert werden. »Nationalismus« wird durch das *Compact Oxford Dictionary* als starke Unterstützung für und Stolz auf das eigene Land oder Volk definiert, oftmals bis zu einem extremen Ausmaß. Für mich haben Vaterland und Muttersprache, mein kulturelles und religiöses Erbe, Sinn und Zweck. Ich verteidige, dies ohne aggressiv zu werden oder andere zu überfallen. Daß alles übertrieben werden kann, spricht nicht gegen das Prinzip. Das Eigene zu verteidigen, die Identität, das Authentische[16] kann niemals ehrlicherweise als »Nationalismus« bezeichnet werden – außer demagogisch durch

---

[16] Barbara COUDENHOVE-KALERGI, »Die drohende Verkitschung Wiens«, unter: www.derstandard.at, 2. August 2018.

Halbintellektuelle und 3/8 verbildete Kulturnihilisten, die jede Form, jede Norm, jede Bindung und jede Ordnung auflösen und zersetzen wollen.

Wer »*no border, no nations*« ruft, ruft nach grenzenloser Willkür und Streit. Individualismus, Grundrechte, freie Marktwirtschaft und persönliche und politische Freiheit beruhen auf abendländischen Werten und werden daher vom aus der Kritischen Theorie der Frankfurter Schule entspringenden Kulturnihilsmus andauernd angegriffen. Diese hat nicht die Person im naturrechtlichen Sinne vor Augen, sondern eine leere Kreatur, ein unbeschriebenes Blatt, das der große totalitäre Steuermann und seine Helfershelfer beliebig und willkürlich be- und mißhandeln können. Dies alles bedeutet **massive Entortung, kulturelle Auslöschung und Primitivisierung**.

12 Zusammenfassend ist der ›Migrationspakt‹ voll mit schwammigen Formulierungen, Wunschdenken und Phrasen und *streng juristisch gesehen* heute unerheblich. Aber geschickte Politiker, pekuniär interessierte Lobbyisten und schlampig denkende Juristen könnten diese nutzen, um die innerstaatliche Rechtsordnung zu zersetzen und umzupolen. Offenbar wurde bis jetzt ohne viel Nachdenken ein als ›Bla Bla-Papier‹ angesehenes Dokument abgenickt, das einer sich selbst weit überschätzenden internationalen Bürokratie die Möglichkeit gäbe, global zu dirigieren. Ob dazu die fachliche Befähigung besteht, wage ich anzuzweifeln.

13 Carl SCHMITT schrieb schon im Jahre 1963[17]: »Die Epoche der Staatlichkeit geht jetzt zu Ende. Darüber ist kein Wort mehr zu verlieren.« Apodiktisch überspitzt hat er bereits damals Linien der Entwicklung einer globalen Ordnung erkannt. Daß internationale und regionale Kooperationen je nach Sachlage sinnvoll sein können, steht außer Frage. Daß dadurch der Staat als »Leviathan«, als zu schrecklicher totalitärer Tyrannei und totalitären Kriegen befähigtes Monstrum notwendigerweise gezähmt, eingehegt und eingeordnet werden kann, ebenfalls. Das kann aber nicht bedeuten, daß eine globale Ordnung mit totalitärer Kommandoqualität eine bessere Lösung ist. Im Gegenteil.

---

[17] Carl SCHMITT, *Der Begriff des Politischen*, Duncker & Humblot, Berlin, S. 10.

DER UN-MIGRATIONSPAKT

Eine ordoliberale Gestaltung des Staates muß sinnvoller Weise mit einer ordoliberalen Gestaltung der internationalen Ordnung und Beziehungen einhergehen. Der Pakt könnte weniger ›reguläre‹ Ein- und Auswanderungen bewirken als Invasionen und Landnahmen zu Lasten bestehender Staaten, Gesellschaten und alteingesessener Völker. **Dann stellt sich aber die Frage, wer Freund und wer Feind ist.**

14 Dem spanischen Rechtsgelehrten Alvaro D'ORS folgend, ist eine Masseneinwanderung eine Invasion. Unabhängig von einem Recht, zu reisen, auszuwandern und einzuwandern, das aus ordoliberaler Sicht Einzelnen eingeräumt werden und aus wirtschaftlicher Sicht sinnvoll sein kann, darf eine individuelle Freiheit nicht einer Gruppe verliehen werden ohne ausdrückliche Zustimmung des betroffenen Staates und des betroffenen Staatsvolkes. **Sich unter klaren und eindeutigen Bedingungen zu einem Einwanderungsland zu erklären, mag sinnvoll und vernünftig sein, ist aber jedenfalls eine Gesamtänderung der Verfassung, über die und deren einzelne Bedingungen ausschließlich die alteingesessenen Staatsbürger zu entscheiden haben.** Die massenhafte Umsiedlung von (überwiegend) Männern aus einem fremden Gebiet in das eigene ist eine Invasion, ob diese bewaffnet sind (mit Messern und darüber hinaus) oder nicht und ob diese vorgeben, sich zu benehmen oder nicht. **Widerstand dagegen ist ein natürliches Recht. Der ›Migrant‹ als Mitglied einer Gruppe von Invasoren ist daher ein öffentlicher Feind.** Es ist bedeutungslos, ob er persönlich friedvoll ist oder nicht. Nett zu sein begründet noch keinen einzigen Rechtsanspruch. In meiner Rechtsauslegung ist er ein öffentlicher Feind, ohne Unterschied, ob er sich innerhalb oder außerhalb des eigenen Gebietes aufhält, mit einem in den meisten Fällen dubiosen Rechtstitel ausgestattet ist oder nicht, in der Vergangenheit als irgend etwas anerkannt wurde oder nicht. **In derselben Art und Weise sind öffentliche Feinde diejenigen, die es als Staatsbürger oder Staatsorgane verhindern, daß eine derartige Invasion verhindert oder abgewehrt wird oder dieser in irgendeiner Art und Weise dienen und sie unterstützen.**

15 Der erste Grundsatz der Kybernetik (aus dem altgriechischen *kyberneitos* = ›Steuermann‹ abgeleitet) besagt, daß das Ausmaß der Ordnung in einem bestimmten System dem Ausmaß an Information in diesem gegebenen System entspricht. Information sei definiert als eine zeitlich, örtlich und sachlich für den Informationsempfänger brauchbare Zunahme des eigenen Wissens. Je umfangreicher ein Sytem, desto mehr Informationen, Sachwissen und Intelligenz werden benötigt. Schon Friedrich VON HAYEK argumentierte über die zentrale Kommandowirtschaft der Sowjetunion, daß ein derzeitiges System eine übermenschliche Intelligenz erfordere, die es aber auf unserem Planeten eben nicht gebe.

Ist es überhaupt möglich, daß genügend Informationen für eine globale Steuerung bestimmter Phänomene rechtzeitig und einheitlich beurteilt vorliegen? Das darf bezweifelt werden.

Mangels ausreichender Informationen kann dieses System im kybernetischen Sinne nicht funktionieren, da nie alle Beteilgten zur selben Zeit die gleichen und von ihnen gleich verstandenen, notwendigen und nützlichen Informationen besitzen werden. *Ultra posse nemo obligatur.*

Das mit dem Migrationspakt angestrebte System ist juristisch, politisch und wirtschaftlich **nicht steuerbar**. Sieht man es als etwas »Wünschenswertes« im Sinne Jürgen HABERMAS' an, ist dies leere Professorenweisheit.

Ordoliberale Lösungsansätze wie zum Beispiel »Charterstädte«, die vom Nobelpreisträger Paul ROMER vorgeschlagen werden und die tatsächlich ›Freistädte‹ – autonom Krisenstaaten inneliegend – mit eigenem Statut und eigener Ordnung sein könnten, werden nicht angedacht.[18] Dabei zeigt die Entwicklung der mittelalterlichen Städte und Städtebünde, etwa der Hanse, oder die glänzende wirtschaftliche Entwicklung von Singapore und Hong Kong seit der zweiten Hälfte des 20. Jahrhunderts, daß dort produktiv großer Wohlstand für viele Menschen geschaffen werden kann und vor allem Menschen produktiv werden können.

Auch geistige ›Entwicklungshilfe‹ durch die Propagierung der Ideen und Konzepte von MISES, HAYEK, SCHUMPETER und POPPER wären möglich,

---

[18] ROMERs Konzept der Charter City baut darauf auf, daß die Regierung ein nichtbesiedeltes Stück Land auswählt, um es komplett an eine ausländische Regierung abzugeben, also unter dessen Legislative, Judikative und Exekutive zu stellen.

wie das beispielsweise die »African Students for Liberty« www.studentsforliberty.org/Africa tun.

Wenn man, streng formal gedacht, diesen Pakt als heute juristisch nicht bindend ansieht, wie er auch vorgibt, zu sein, dann ist er überflüssig. Sieht man ihn aber als verpflichtend an, verlangt er Unmögliches, ja geradezu Staaten Zerstörendes. In dieser wie in anderen Fragen, zum Beispiel in dem Bereich des sogenannten ›Klimawandels‹, zeigt sich ein Weltstaatskonzept.

Nun kann jemand politisch oder juristisch für einen Weltstaat eintreten und eine Weltfriedensordnung befürworten, aber dann muß er mir die Frage beantworten, in welchem Staat jemand dann Asyl beantragen kann, wenn der Weltstaat ihn politisch verfolge, und in welchen Staat jemand zur Verbesserung seiner Lebensumstände wandert, wenn der Weltstaat die Weltwirtschaft zu Grunde richtet.

Der Pakt ist das Gegenteil einer spontanen Ordnung im Sinne *Friedrich August* VON HAYEKs und trägt in sich die Gefahr einer weltweiten Kommandowirtschaft. Der Pakt ist politische Romantik, die »Erhabenheit über Definition und Entscheidung verwandelt sich in ein dienstbares Begleiten fremder Kraft und fremder Entscheidung«.[19] Die Frage, welch höchst unromantische Energien derartige Pakterstellungen antreiben, muß gestattet sein.

Es ist also höchst ratsam, diesen Pakt nicht zu unterschreiben, da die sich aus dem Pakt ergebenden juristischen Folgen unabsehbar sind, eine Gesamtänderung der Bundesverfassung bedeuten könnten, mit einem Wort, die ›Katze im Sack‹ gekauft würde und der ratifizierende Staat seine eigene, spezifische Substanz gefährden und aufgeben würde.

---

[19] Carl SCHMITT, *Politische Romantik*, Duncker & Humblot, 6. Auflage, Berlin 1998, S. 168.

KOMMENTAR

Dr. iuris HARALD SITTA

geboren am 6. August 1955 in Wien.

1973–1980: Studium der Rechte und Post graduate: »International Studies and Relations«, beides an der Universität Wien.

1980–1981: Bundesheer. EF-Jahr (Oberleutnant der Reserve)

1981–1987: Mitarbeiter in der Rechtsabteilung und dann Leiter der Rechtsabteilung bei der Austria Metall AG, Berndorf Metallwaren GmbH

1989–1991: Rechtsanwaltsanwärter und Anwaltsprüfung bei der Rechtsanwaltskammer Wien.

1992–2006: Rechtsanwalt in Wien. Eingetragener Mediator seit 2004. Tätigkeitsbereiche: vom allgemeinen Zivilrecht (ausgenommen Familienrecht) über Handelsrecht, Gesellschaftsrecht, Arbeitsrecht, Umweltschutzrecht bis zum Europarecht.

2007: Einwanderung nach Südafrika. Andauernde Aufenthaltserlaubnis seit 2008.

2010–16: Gründung der »Harald Sitta CC«: Mediation, Schiedstätigkeit, juristische und strategische Beratung.

2016: Beginn der Autorentätigkeit für den »Rational Standard«, ein Weltnetzmagazin ordoliberaler und konservativer Ausrichtung: www.rationalstandard.com

DER UN-MIGRATIONSPAKT

Globaler Pakt für eine sichere, geordnete und reguläre Migration

Präambel

1. Dieser Globale Pakt beruht auf den Zielen und Grundsätzen der Charta der Vereinten Nationen.
2. Er beruht außerdem auf der Allgemeinen Erklärung der Menschenrechte; dem Internationalen Pakt über bürgerliche und politische Rechte; dem Internationalen Pakt über wirtschaftliche, soziale und kulturelle Rechte; den anderen grundlegenden internationalen Menschenrechtsverträgen; dem Übereinkommen der Vereinten Nationen gegen die grenzüberschreitende organisierte Kriminalität, einschließlich des Zusatzprotokolls zur Verhütung, Bekämpfung und Bestrafung des Menschenhandels, insbesondere des Frauen- und Kinderhandels, und des Zusatzprotokolls gegen die Schleusung von Migranten auf dem Land-, See- und Luftweg; dem Übereinkommen betreffend die Sklaverei und dem Zusatzübereinkommen über die Abschaffung der Sklaverei, des Sklavenhandels und sklavereiähnlicher Einrichtungen und Praktiken; dem Rahmenübereinkommen der Vereinten Nationen über Klimaänderungen; dem Übereinkommen der Vereinten Nationen zur Bekämpfung der Wüstenbildung in den von Dürre und/oder Wüstenbildung schwer betroffenen Ländern, insbesondere in Afrika; dem Übereinkommen von Paris und den Übereinkommen der Internationalen Arbeitsorganisation über die Förderung menschenwürdiger Arbeit und Arbeitsmigration sowie auf der Agenda 2030 für nachhaltige Entwicklung, der Aktionsagenda von Addis Abeba der dritten Internationalen Konferenz über Entwicklungsfinanzierung, dem Sendai-Rahmen für Katastrophenvorsorge 2015-2030 und der Neuen Urbanen Agenda.
3. Die Diskussionen auf globaler Ebene zur internationalen Migration sind nicht neu. Wir erinnern an die Fortschritte, die im Rahmen der Dialoge der Vereinten Nationen auf hoher Ebene über internationale Migration und Entwicklung 2006 und 2013 erzielt wurden. Wir anerkennen außerdem die Beiträge des Globalen Forums für Migration und Entwicklung, das 2007 ins Leben gerufen wurde. Diese Plattformen waren Wegbereiter für die New Yorker Erklärung für Flüchtlinge und Migranten, mit der wir uns verpflichteten, im Rahmen zweier getrennter Prozesse einen Globalen Pakt für Flüchtlinge auszuarbeiten

und diesen Globalen Pakt für eine sichere, geordnete und reguläre Migration anzunehmen. Gemeinsam bilden die beiden Globalen Pakte komplementäre internationale Kooperationsrahmen, deren jeweilige Mandate entsprechend der New Yorker Erklärung für Flüchtlinge und Migranten zu erfüllen sind, in der anerkannt wird, daß Migranten und Flüchtlinge sich vielen gemeinsamen Problemen gegenübersehen und ähnlichen Risiken ausgesetzt sind.

4. Flüchtlinge und Migranten haben Anspruch auf dieselben allgemeinen Menschenrechte und Grundfreiheiten, die stets geachtet, geschützt und gewährleistet werden müssen. Dennoch handelt es sich bei ihnen um verschiedene Gruppen, die separaten Rechtsrahmen unterliegen. Lediglich Flüchtlinge haben ein Anrecht auf den spezifischen internationalen Schutz, den das internationale Flüchtlingsrecht vorsieht. Der vorliegende Globale Pakt bezieht sich auf Migranten und stellt einen Kooperationsrahmen zur Migration in allen ihren Dimensionen dar.

5. Wir anerkennen die von den Mitgliedstaaten und relevanten Interessenträgern während der Konsultations- und Bestandsaufnahmephasen eingebrachten Beiträge sowie den Bericht des Generalsekretärs mit dem Titel »Migration zum Nutzen aller gestalten« als Beitrag zum Vorbereitungsprozeß für diesen Globalen Pakt.

6. Dieser Globale Pakt stellt einen Meilenstein in der Geschichte des globalen Dialogs und der internationalen Zusammenarbeit auf dem Gebiet der Migration dar. Ihm liegen die Agenda 2030 für nachhaltige Entwicklung und die Aktionsagenda von Addis Abeba sowie die im Oktober 2013 verabschiedete Erklärung des Dialogs auf hoher Ebene über internationale Migration und Entwicklung zugrunde. Er fußt auf der Pionierarbeit des ehemaligen Sonderbeauftragten des Generalsekretärs für Migration, unter anderem auf seinem Bericht vom 3. Februar 2017.

7. Dieser Globale Pakt stellt einen rechtlich nicht bindenden Kooperationsrahmen dar, der auf den Verpflichtungen aufbaut, auf die sich die Mitgliedstaaten in der New Yorker Erklärung für Flüchtlinge und Migranten geeinigt haben. In der Erkenntnis, daß die Migrationsproblematik von keinem Staat allein bewältigt werden kann, fördert er die internationale Zusammenarbeit zwischen allen relevanten Akteuren im Bereich der Migration und wahrt die Souveränität der Staaten und ihre völkerrechtlichen Pflichten.

Unsere Vision und Leitprinzipien

8. Dieser Globale Pakt ist Ausdruck unserer gemeinsamen Entschlossenheit, die Zusammenarbeit im Bereich der internationalen Migration zu verbessern. Migration war schon immer Teil der Menschheitsgeschichte, und wir erkennen an, daß sie in unserer globalisierten Welt eine Quelle des Wohlstands, der

Innovation und der nachhaltigen Entwicklung darstellt und daß diese positiven Auswirkungen durch eine besser gesteuerte Migrationspolitik optimiert werden können. Die meisten Migranten auf der Welt reisen, leben und arbeiten heute auf sichere, geordnete und reguläre Weise. Dennoch hat Migration unbestreitbar sehr unterschiedliche und manchmal unvorhersehbare Auswirkungen auf unsere Länder und Gemeinschaften und auf die Migranten und ihre Familien selbst.

9. Es ist von entscheidender Wichtigkeit, daß die Herausforderungen und Chancen der internationalen Migration uns einen, anstatt uns zu spalten. Dieser Globale Pakt ist Ausdruck unseres gemeinsamen Verständnisses, unserer gemeinsamen Verantwortung und unseres gemeinsamen Zwecks in der Frage der Migration, mit dem Ziel, sie zum Nutzen aller zu gestalten.

Gemeinsames Verständnis

10. Dieser Globale Pakt ist das Ergebnis einer beispiellosen Überprüfung von Fakten und Daten, die im Rahmen eines offenen, transparenten und inklusiven Prozesses gesammelt wurden. Wir haben uns über unsere jeweiligen Realitäten ausgetauscht und eine Vielfalt von Stimmen gehört, die unser gemeinsames Verständnis dieses komplexen Phänomens bereichert und geprägt haben. Wir haben gelernt, daß Migration ein bestimmendes Merkmal unserer globalisierten Welt ist, Gesellschaften innerhalb aller Regionen und über sie hinaus verbindet und alle unsere Länder zu Herkunfts-, Transit- und Zielländern macht. Wir sind uns dessen bewußt, daß fortlaufend internationale Anstrengungen zur Verstärkung unseres Wissens über Migration und ihrer Analyse unternommen werden müssen, denn ein gemeinsames Verständnis wird eine bessere Politik hervorbringen, die das Potenzial der nachhaltigen Entwicklung für alle freisetzt. Wir müssen Daten hoher Qualität erheben und verbreiten. Wir müssen sicherstellen, daß gegenwärtige und potenzielle Migranten vollständig über ihre Rechte und Pflichten und die Möglichkeiten für eine sichere, geordnete und reguläre Migration informiert sind und sich der mit irregulärer Migration verbundenen Risiken bewußt sind. Wir müssen außerdem allen unseren Bürgerinnen und Bürgern objektive, faktengestützte und klare Informationen über die Vorteile und Herausforderungen der Migration vermitteln, um irreführende Narrative, die zu einer negativen Wahrnehmung von Migranten führen, auszuräumen.

Gemeinsame Verantwortung

11. Dieser Globale Pakt betrachtet internationale Migration aus einer 360-Grad-Perspektive und folgt der Erkenntnis, daß ein umfassender Ansatz erforderlich ist, um den Gesamtnutzen von Migration zu optimieren und gleichzeitig die Risiken und Herausforderungen anzugehen, die sich den einzelnen Menschen und den Gemeinschaften in den Herkunfts-, Transit- und Zielländern stellen.

DER UN-MIGRATIONSPAKT

Kein Land kann die mit diesem globalen Phänomen verbundenen Herausforderungen und Chancen allein bewältigen. Mit diesem umfassenden Ansatz wollen wir eine sichere, geordnete und reguläre Migration erleichtern und gleichzeitig das Auftreten und die negativen Auswirkungen irregulärer Migration durch internationale Zusammenarbeit und eine Kombination der in diesem Pakt dargelegten Maßnahmen reduzieren. Als Mitgliedstaaten der Vereinten Nationen sind wir uns der gegenseitigen Verantwortung bewußt, den Bedürfnissen und Anliegen der jeweils anderen Rechnung zu tragen, sowie dessen, daß wir der übergeordneten Verpflichtung unterliegen, die Menschenrechte aller Migranten ungeachtet ihres Migrationsstatus zu achten, zu schützen und zu gewährleisten und dabei gleichzeitig die Sicherheit und das Wohlergehen aller unserer Gemeinschaften zu fördern.

12. Dieser Globale Pakt hat das Ziel, die nachteiligen Triebkräfte und strukturellen Faktoren zu minimieren, die Menschen daran hindern, in ihren Herkunftsländern eine nachhaltige Existenzgrundlage aufzubauen und aufrechtzuerhalten, und die sie dazu veranlassen, anderswo nach einer besseren Zukunft zu suchen. Er beabsichtigt, die Risiken und prekären Situationen, denen Migranten in verschiedenen Phasen der Migration ausgesetzt sind, zu mindern, indem ihre Menschenrechte geachtet, geschützt und gewährleistet werden und ihnen Fürsorge und Unterstützung zukommen. Mit dem Pakt wird versucht, legitimen Anliegen von Gemeinschaften Rechnung zu tragen und gleichzeitig anzuerkennen, daß Gesellschaften demografische, wirtschaftliche, soziale und umweltbedingte Veränderungen unterschiedlichen Ausmaßes durchlaufen, die sich auf die Migration auswirken und aus ihr resultieren können. Er soll förderliche Bedingungen schaffen, die es allen Migranten ermöglichen, unsere Gesellschaften durch ihre menschlichen, wirtschaftlichen und sozialen Fähigkeiten zu bereichern und so besser zu einer nachhaltigen Entwicklung auf lokaler, nationaler, regionaler und globaler Ebene beizutragen.

Gemeinsamer Zweck

13. Mit dem Globalen Pakt wird anerkannt, daß eine sichere, geordnete und reguläre Migration dann für alle funktioniert, wenn sie auf der Basis von guter Information, Planung und Konsens stattfindet. Migration sollte nie ein Akt der Verzweiflung sein. Ist sie es dennoch, müssen wir zusammenarbeiten, um den Bedürfnissen von Migranten in prekären Situationen Rechnung zu tragen, und die jeweiligen Herausforderungen angehen. In gemeinsamer Arbeit müssen wir die Bedingungen schaffen, die es den Gemeinschaften und den einzelnen Menschen ermöglichen, in ihren eigenen Ländern in Sicherheit und Würde zu leben. Wir müssen Menschenleben retten und Migranten vor Gefahren schützen. Wir müssen sie in die Lage versetzen, zu vollwertigen Mitgliedern unserer

Gesellschaften zu werden, ihre positiven Beiträge herausstellen und Inklusion und sozialen Zusammenhalt fördern. Wir müssen für Staaten, Gemeinschaften und Migranten gleichermaßen mehr Planbarkeit und Rechtssicherheit schaffen. Zu diesem Zweck verpflichten wir uns, eine sichere, geordnete und reguläre Migration zum Wohle aller zu erleichtern und zu gewährleisten.

14. Unser Erfolg beruht auf dem gegenseitigen Vertrauen, der Entschlossenheit und der Solidarität unter den Staaten bei der Erfüllung der in diesem Globalen Pakt enthaltenen Ziele und Verpflichtungen. Vereint im Geiste einer für alle Seiten gewinnbringenden Zusammenarbeit stellen wir uns in geteilter Verantwortung und mit innovativen Lösungen den Herausforderungen und Chancen der Migration in allen ihren Dimensionen. Mit diesem gemeinsamen Ziel vor Augen und im vollen Bewußtsein, daß der Globale Pakt für eine sichere, geordnete und reguläre Migration einen Meilenstein, aber noch nicht den Endpunkt unserer Anstrengungen darstellt, gehen wir diesen historischen Schritt. Wir verpflichten uns, den multilateralen Dialog im Rahmen der Vereinten Nationen durch einen periodischen und wirksamen Folge- und Überprüfungsmechanismus fortzusetzen, der sicherstellt, daß die in diesem Dokument enthaltenen Worte in konkrete Taten zum Nutzen von Millionen von Menschen in allen Regionen der Welt umgesetzt werden.

15. Wir sind uns darin einig, daß dieser Globale Pakt auf einer Reihe übergreifender und interdependenter Leitprinzipien beruht:

    a) **Der Mensch im Mittelpunkt. Dem Globalen Pakt wohnt wie der Migrationserfahrung selbst eine starke menschliche Dimension inne. Er fördert das Wohlergehen von Migranten und der Mitglieder der Gemeinschaften in den Herkunfts-, Transit- und Zielländern. Infolgedessen steht in seinem Mittelpunkt der einzelne Mensch;**

    b) **Internationale Zusammenarbeit. Der Globale Pakt ist ein rechtlich nicht bindender Kooperationsrahmen, der anerkennt, daß Migration von keinem Staat allein gesteuert werden kann, da das Phänomen von Natur aus grenzüberschreitend ist und somit Zusammenarbeit und Dialog auf internationaler, regionaler und bilateraler Ebene erfordert. Die Autorität des Paktes beruht auf seinem Konsenscharakter, seiner Glaubwürdigkeit, seiner kollektiven Trägerschaft und seiner gemeinsamen Umsetzung, Weiterverfolgung und Überprüfung;**

    c) **Nationale Souveränität. Der Globale Pakt bekräftigt das souveräne Recht der Staaten, ihre nationale Migrationspolitik selbst zu bestimmen, sowie ihr Vorrecht, die Migration innerhalb ihres Hoheitsbereichs in Übereinstimmung mit dem Völkerrecht selbst zu regeln. Innerhalb ihres Hoheitsbereichs dürfen die Staaten zwischen regulärem und irregulärem**

Migrationsstatus unterscheiden, einschließlich bei der Festlegung ihrer gesetzgeberischen und politischen Maßnahmen zur Umsetzung des Globalen Paktes, unter Berücksichtigung der verschiedenen nationalen Realitäten, Politiken, Prioritäten und Bestimmungen für Einreise, Aufenthalt und Arbeit und im Einklang mit dem Völkerrecht;

d) Rechtsstaatlichkeit und ordnungsgemäße Verfahren. Der Globale Pakt erkennt an, daß die Achtung der Rechtsstaatlichkeit, die Einhaltung ordnungsgemäßer Verfahren und der Zugang zur Justiz für alle Aspekte einer gesteuerten Migration von grundlegender Bedeutung sind. Das bedeutet, daß der Staat, öffentliche und private Institutionen und Einrichtungen sowie alle Personen an Gesetze gebunden sind, die öffentlich verkündet und in gleicher Weise angewandt werden, über deren Einhaltung unabhängige Gerichte wachen und die mit dem Völkerrecht im Einklang stehen;

e) Nachhaltige Entwicklung. Der Globale Pakt wurzelt in der Agenda 2030 für nachhaltige Entwicklung und baut auf der in der Agenda enthaltenen Erkenntnis auf, daß Migration eine multidimensionale Realität darstellt, die für die nachhaltige Entwicklung der Herkunfts-, Transit- und Zielländer von großer Bedeutung ist und kohärente und umfassende Antworten erfordert. Migration trägt, insbesondere wenn sie gut gesteuert wird, zu positiven Entwicklungsergebnissen und zur Verwirklichung der Ziele der Agenda 2030 für nachhaltige Entwicklung bei. Ziel des Globalen Paktes ist es, das Potenzial der Migration für die Erreichung aller Ziele für nachhaltige Entwicklung zu nutzen sowie die Wirkung zu erhöhen, die die Erreichung der Ziele in Zukunft auf Migration haben wird;

f) Menschenrechte. Der Globale Pakt gründet auf den internationalen Menschenrechtsnormen und wahrt die Grundsätze der Nichtregression und Nichtdiskriminierung. Durch die Umsetzung des Globalen Paktes sorgen wir dafür, daß die Menschenrechte aller Migranten, ungeachtet ihres Migrationsstatus, während des gesamten Migrationszyklus wirksam geachtet, geschützt und gewährleistet werden. Wir bekräftigen außerdem die Verpflichtung, alle Formen der Diskriminierung, einschließlich Rassismus, Fremdenfeindlichkeit und Intoleranz, gegenüber Migranten und ihren Familien zu beseitigen;

g) Geschlechtersensibilität. Der Globale Pakt gewährleistet, daß die Menschenrechte von Frauen, Männern, Mädchen und Jungen in allen Phasen der Migration geachtet werden, daß ihre besonderen Bedürfnisse richtig verstanden und berücksichtigt werden und daß sie als Trägerinnen und Träger des Wandels gestärkt werden. Der Pakt trägt der Geschlechterperspektive durchgängig Rechnung und fördert die Gleichstellung der Geschlechter und die Stärkung aller Frauen und Mädchen, in Anerkennung ihrer Unabhängigkeit, Handlungsfähigkeit und Führungsrolle und mit dem Ziel, davon wegzukommen, daß Migrantinnen primär aus der Perspektive der Viktimisierung betrachtet werden;

h) Kindergerechtigkeit. Der Globale Pakt fördert die bestehenden völkerrechtlichen Verpflichtungen in Bezug auf die Rechte des Kindes und wahrt den Grundsatz, daß das Wohl des Kindes im Kontext der internationalen Migration in allen Situationen, an denen Kinder, einschließlich unbegleiteter und von ihren Familien getrennter Kinder, beteiligt sind, stets vorrangig zu berücksichtigen ist.

i) Gesamtregierungsansatz. Der Globale Pakt trägt dem Umstand Rechnung, daß Migration eine multidimensionale Realität darstellt, die nicht von einem Regierungsressort allein behandelt werden kann. Die Erarbeitung und Umsetzung wirksamer migrationspolitischer Maßnahmen und Verfahren erfordert einen Gesamtregierungsansatz, der eine horizontale und vertikale Politikkohärenz quer über alle staatlichen Bereiche und Ebenen hinweg gewährleistet;

j) Alle Teile der Gesellschaft umfassender Ansatz. Der Globale Pakt fördert breit angelegte Multi-Akteur-Partnerschaften, die sich mit der Migration in allen ihren Dimensionen befassen und Migranten, die Diaspora, lokale Gemeinwesen, die Zivilgesellschaft, die Wissenschaft, den Privatsektor, Parlamentsabgeordnete, Gewerkschaften, nationale Menschenrechtsinstitutionen, die Medien und andere relevante Interessenträger in die Steuerung der Migration einbinden.

<u>Unser Kooperationsrahmen</u>

16. Mit der New Yorker Erklärung für Flüchtlinge und Migranten haben wir eine politische Erklärung und ein Paket von Verpflichtungen angenommen. Wir bekräftigen diese Erklärung in ihrer Gesamtheit und bauen mit dem nachstehenden Kooperationsrahmen auf ihr auf; dieser umfaßt 23 Ziele und deren Umsetzung, Weiterverfolgung und Überprüfung. Jedes Ziel enthält eine Verpflichtung, gefolgt von einer Reihe von Maßnahmen, die als relevante Politikinstrumente und bewährte Verfahren angesehen werden. Zur Erfüllung der 23 Ziele werden wir aus diesen Maßnahmen schöpfen, um eine sichere, geordnete und reguläre Migration entlang des gesamten Migrationszyklus zu erreichen.

<u>Ziele für eine sichere, geordnete und reguläre Migration</u>

[siehe Kommentar H. Sitta]

DER UN-MIGRATIONSPAKT

Ziele und Verpflichtungen

Ziel 1: Erhebung und Nutzung korrekter und aufgeschlüsselter Daten als Grundlage für eine Politikgestaltung, die auf nachweisbaren Fakten beruht

17. Wir verpflichten uns, die globale Faktengrundlage zur internationalen Migration zu stärken und zu diesem Zweck die Erhebung, Analyse und Verbreitung genauer, verlässlicher und vergleichbarer Daten, die nach Geschlecht, Alter, Migrationsstatus und anderen im nationalen Kontext relevanten Merkmalen aufgeschlüsselt sind, zu verbessern und darin zu investieren und dabei gleichzeitig das Recht auf Privatheit gemäß den internationalen Menschenrechtsnormen zu wahren und personenbezogene Daten zu schützen. Wir verpflichten uns ferner, sicherzustellen, daß diese Daten die Forschung fördern, als Orientierung für eine faktengestützte Politikgestaltung und einen aufgeklärten öffentlichen Diskurs dienen und eine wirksame Überwachung und Evaluierung der Umsetzung der Verpflichtungen im Laufe der Zeit ermöglichen.

Um diese Verpflichtung zu verwirklichen, werden wir aus den folgenden Maßnahmen schöpfen. Wir werden

a) unter Mitwirkung aller relevanten Interessenträger und unter Anleitung der Statistischen Kommission der Vereinten Nationen eine umfassende Strategie ausarbeiten und umsetzen, die das Ziel hat, migrationsbezogene Daten auf lokaler, nationaler, regionaler und globaler Ebene zu verbessern, indem die Methoden der Datenerhebung harmonisiert und die Analyse und Verbreitung migrationsbezogener Daten und Indikatoren gestärkt werden;

b) die internationale Vergleichbarkeit und Kompatibilität von Statistiken und nationalen Datensystemen im Bereich Migration verbessern, einschließlich durch die Weiterentwicklung und Anwendung der statistischen Definition des Begriffs »internationaler Migrant«, die Ausarbeitung eines Katalogs von Standards zur Messung von Migrationsbeständen und -strömen und die Dokumentierung von Migrationsmustern und -trends, Migrantenmerkmalen sowie Triebkräften und Auswirkungen von Migration;

c) ein globales Programm zum Aufbau und zur Stärkung nationaler Kapazitäten im Bereich der Datenerhebung, -analyse und -verbreitung entwickeln, das dem Zweck dient, Daten auszutauschen, Datenlücken zu schließen und wichtige Migrationstrends zu bewerten, die Zusammenarbeit zwischen relevanten Interessenträgern auf allen Ebenen zu fördern, gezielte Aus- und Fortbildung sowie finanzielle Unterstützung und technische

Hilfe bereitzustellen und neue Datenquellen, einschließlich Megadaten, wirksam zu nutzen, und das von der Statistischen Kommission regelmäßig überprüft wird;

d) Daten zu den Auswirkungen und Vorteilen der Migration sowie zu den Beiträgen von Migranten und der Diaspora zur nachhaltigen Entwicklung erheben, analysieren und als Informationsquelle für die Umsetzung der Agenda 2030 für nachhaltige Entwicklung und der damit zusammenhängenden Strategien und Programme auf lokaler, nationaler, regionaler und globaler Ebene nutzen;

e) die Weiterentwicklung bestehender globaler und regionaler Datenbanken und -depots, darunter das globale Migrationsdatenportal der Internationalen Organisation für Migration (IOM) und die Globale Wissenspartnerschaft für Migration und Entwicklung (KNOMAD) der Weltbank, und die Zusammenarbeit zwischen ihnen unterstützen, mit dem Ziel, einschlägige Daten auf transparente und nutzerfreundliche Weise systematisch zu konsolidieren und gleichzeitig die interinstitutionelle Zusammenarbeit zu fördern, um Doppelspurigkeiten zu vermeiden;

f) regionale Forschungs- und Ausbildungszentren zum Thema Migration oder Migrationsbeobachtungsstellen, wie die Afrikanische Beobachtungsstelle für Migration und Entwicklung, einrichten und stärken, um Daten gemäß den Standards der Vereinten Nationen zu erheben und zu analysieren, einschließlich zu bewährten Verfahren, den Beiträgen von Migranten, den gesamten wirtschaftlichen, sozialen und politischen Vorteilen und Herausforderungen der Migration in den Herkunfts-, Transit- und Zielländern sowie den Triebkräften der Migration, mit dem Ziel, gemeinsame Strategien zu entwickeln und den Wert aufgeschlüsselter Migrationsdaten zu maximieren, in Abstimmung mit bestehenden regionalen und subregionalen Mechanismen;

g) die Datenerhebung auf nationaler Ebene durch eine möglichst frühzeitige Einbeziehung migrationsbezogener Fragen in nationale Zählungen verbessern, wie etwa zum Geburtsland, zum Geburtsland der Eltern, zum Land der Staatsangehörigkeit, zum Wohnsitzland fünf Jahre vor der Zählung, zum letzten Einreisedatum und zum Migrationsgrund, und so sicherstellen, daß die Ergebnisse, aufgeschlüsselt und tabelliert gemäß internationalen Standards, zeitnah für statistische Zwecke analysiert und verbreitet werden;

h) Haushalts-, Arbeitskräfte- und sonstige Erhebungen zur Sammlung von Informationen über die soziale und wirtschaftliche Integration von Migranten durchführen oder bestehenden Haushaltserhebungen Standard-Migrationsmodule anfügen, um die nationale, regionale und internationale

Vergleichbarkeit zu verbessern, und die erhobenen Daten in Form öffentlich nutzbarer statistischer Mikrodatendateien zugänglich machen;

i) die Zusammenarbeit zwischen den für migrationsbezogene Daten zuständigen staatlichen Stellen und nationalen statistischen Ämtern verbessern, um migrationsbezogene Statistiken zu erstellen, unter anderem durch die Verwendung administrativer Aufzeichnungen für statistische Zwecke, wie etwa Ein- und Ausreisedaten, Visa, Aufenthaltsgenehmigungen, Bevölkerungsregister und andere einschlägige Quellen, bei gleichzeitiger Wahrung des Rechts auf Privatheit und Schutz personenbezogener Daten;

j) länderspezifische Migrationsprofile entwickeln und nutzen, die aufgeschlüsselte Daten zu allen migrationsrelevanten Aspekten im nationalen Kontext enthalten, darunter zum Bedarf auf dem Arbeitsmarkt, zur Nachfrage nach Fertigkeiten und deren Verfügbarkeit, zu den wirtschaftlichen, ökologischen und sozialen Auswirkungen von Migration, zu den Kosten für Rücküberweisungen, zu Gesundheit, Bildung, Beruf, Lebens- und Arbeitsbedingungen, Löhnen und Gehältern sowie zu den Bedürfnissen der Migranten und der Aufnahmegemeinschaften, mit dem Ziel, eine auf nachweisbaren Fakten beruhende Migrationspolitik zu entwickeln;

k) in Zusammenarbeit mit relevanten Interessenträgern in Herkunfts-, Transit- und Zielländern Forschungsarbeiten, Studien und Erhebungen zur Wechselbeziehung zwischen Migration und den drei Dimensionen der nachhaltigen Entwicklung, zu den Beiträgen und Fertigkeiten von Migranten und der Diaspora sowie zu ihren Bindungen zu den Herkunfts- und Zielländern durchführen.

Ziel 2: Minimierung nachteiliger Triebkräfte und struktureller Faktoren, die Menschen dazu bewegen, ihre Herkunftsländer zu verlassen

18. Wir verpflichten uns, förderliche politische, wirtschaftliche und soziale Bedingungen sowie Umweltbedingungen zu schaffen, unter denen die Menschen in ihren eigenen Ländern ein friedliches, produktives und nachhaltiges Leben führen und ihre persönlichen Ambitionen verwirklichen können, und gleichzeitig dafür zu sorgen, daß Verzweiflung und sich verschlechternde Umweltbedingungen sie nicht dazu veranlassen, durch irreguläre Migration anderswo eine Existenzgrundlage zu suchen. Wir verpflichten uns ferner, für eine rasche und vollständige Umsetzung der Agenda 2030 für nachhaltige Entwicklung zu sorgen sowie auf anderen bestehenden Rahmenwerken aufzubauen und in ihre Umsetzung zu investieren, um die Gesamtwirkung des Globalen Paktes zur Erleichterung einer sicheren, geordneten und regulären Migration zu erhöhen.

GLOBALER MIGRATIONSPAKT · DOKUMENT

Um diese Verpflichtung zu verwirklichen, werden wir aus den folgenden Maßnahmen schöpfen. Wir werden

a) die Umsetzung der Agenda 2030 für nachhaltige Entwicklung, einschließlich der Ziele für nachhaltige Entwicklung und der Aktionsagenda von Addis Abeba, und der Verpflichtung, diejenigen zuerst zu erreichen, die am weitesten zurückliegen, sowie die Umsetzung des Übereinkommens von Paris und des Sendai-Rahmens für Katastrophenvorsorge 2015-2030 fördern;

b) in Programme investieren, die die Erfüllung der Ziele für nachhaltige Entwicklung durch die Staaten beschleunigen, mit dem Ziel, die nachteiligen Triebkräfte und strukturellen Faktoren zu beseitigen, die Menschen dazu bewegen, ihr Herkunftsland zu verlassen, unter anderem durch Armutsbeseitigung, Ernährungssicherung, Gesundheits- und Sanitärversorgung, Bildung, inklusives Wirtschaftswachstum, Infrastrukturentwicklung, städtische und ländliche Entwicklung, Schaffung von Arbeitsplätzen, menschenwürdige Arbeit, Gleichstellung der Geschlechter und Stärkung der Selbstbestimmung von Frauen und Mädchen, Aufbau von Resilienz und Katastrophenvorsorge, Klimawandelabschwächung und -anpassung, Bekämpfung der sozioökonomischen Auswirkungen aller Formen der Gewalt, Nichtdiskriminierung, Rechtsstaatlichkeit und gute Regierungsführung, Zugang zur Justiz und Schutz der Menschenrechte, sowie mit dem Ziel, friedliche und inklusive Gesellschaften mit wirksamen, rechenschaftspflichtigen und transparenten Institutionen zu schaffen und zu erhalten;

c) in enger Zusammenarbeit mit und zur Unterstützung von anderen Staaten, zuständigen nationalen und lokalen Behörden, nationalen Menschenrechtsinstitutionen und der Zivilgesellschaft Mechanismen zur Beobachtung und Vorauserkennung der Entwicklung von Gefahren und Bedrohungen, die Migrationsbewegungen auslösen oder beeinflussen könnten, einrichten oder stärken, Frühwarnsysteme stärken, Notstandsverfahren und -instrumentarien entwickeln, Notfalleinsätze in Gang setzen und die Normalisierung nach Notsituationen unterstützen;

d) in allen Regionen auf lokaler und nationaler Ebene in die nachhaltige Entwicklung investieren, damit alle Menschen ihr Leben verbessern und ihre Ambitionen verwirklichen können, durch Förderung dauerhaften, inklusiven und nachhaltigen Wirtschaftswachstums, einschließlich durch private und ausländische Direktinvestitionen und Handelspräferenzen, mit dem Ziel, förderliche Bedingungen zu schaffen, unter denen die Gemeinschaften und der einzelne Mensch Chancen im eigenen Land nutzen und eine nachhaltige Entwicklung voranbringen können;

e) in die Erschließung von Humanressourcen investieren, durch Förderung von Unternehmertum, Bildung, berufsausbildenden und -qualifizierenden Programmen und Partnerschaften sowie die Schaffung produktiver Arbeitsplätze, entsprechend den Bedürfnissen des Arbeitsmarktes und in Zusammenarbeit mit dem Privatsektor und den Gewerkschaften, mit dem Ziel, die Jugendarbeitslosigkeit zu senken, die Abwanderung hochqualifizierter Arbeitskräfte (»brain drain«) zu vermeiden und die Zuwanderung hochqualifizierter Arbeitskräfte (»brain gain«) in den Herkunftsländern zu optimieren sowie die demografische Dividende bestmöglich zu nutzen;

f) die Zusammenarbeit zwischen humanitären Akteuren und Entwicklungsakteuren stärken, unter anderem durch Förderung von gemeinsamen Analysen, Multi-Geber-Konzepten und mehrjährigen Finanzierungszyklen, um langfristige Maßnahmen zu entwickeln und Ergebnisse zu erzielen, die die Achtung der Rechte von Betroffenen, die Resilienz und die Bewältigungskapazitäten der Bevölkerung sowie die wirtschaftliche und soziale Eigenständigkeit sicherstellen, und durch Sicherstellung dessen, daß bei diesen Bemühungen die Migration berücksichtigt wird;

g) Migranten im Rahmen der nationalen Notfallvorsorge und -bewältigung berücksichtigen, einschließlich durch Berücksichtigung einschlägiger Empfehlungen aus den von Staaten gelenkten Beratungsprozessen, wie etwa der Guidelines to Protect Migrants in Countries Experiencing Conflict or Natural Disaster (Leitlinien der Initiative »Migrants in Countries in Crisis« zum Migrantenschutz in von Konflikten oder Naturkatastrophen betroffenen Ländern); Naturkatastrophen, die nachteiligen Auswirkungen des Klimawandels und Umweltzerstörung

h) gemeinsame Analysen und den Informationsaustausch verstärken, um Migrationsbewegungen, die etwa durch plötzliche und schleichende Naturkatastrophen, die nachteiligen Auswirkungen des Klimawandels, Umweltzerstörung und andere prekäre Situationen ausgelöst werden können, besser zu dokumentieren, zu verstehen, vorherzusagen und zu bewältigen, und gleichzeitig sicherstellen, daß die Menschenrechte aller Migranten wirksam geachtet, geschützt und gewährleistet werden;

i) Strategien zur Anpassung und zur Stärkung der Resilienz gegenüber plötzlichen und schleichenden Naturkatastrophen, den nachteiligen Auswirkungen des Klimawandels und der Umweltzerstörung wie Wüstenbildung, Landverödung, Dürre und Anstieg des Meeresspiegels entwickeln, unter Berücksichtigung der möglichen Implikationen für Migration und in Anerkennung dessen, daß die Anpassung im Herkunftsland vorrangig ist;

j) Erwägungen betreffend Vertreibung in Katastrophenschutzstrategien einbeziehen und die Zusammenarbeit mit Nachbarländern und anderen in Betracht kommenden Ländern fördern, um hinsichtlich Frühwarnung, Notfallplanung, Vorratshaltung, Koordinierungsmechanismen, Evakuierungsplanung, Vorkehrungen für Aufnahme und Hilfeleistung sowie Aufklärung der Bevölkerung vorbereitet zu sein;

k) auf subregionaler und regionaler Ebene Konzepte und Mechanismen abstimmen und entwickeln, um der prekären Situation der von plötzlichen und schleichenden Naturkatastrophen betroffenen Menschen entgegenzuwirken, indem ihr Zugang zu einer humanitären Hilfe, die ihre Grundbedürfnisse deckt, gewährleistet wird, unter voller Achtung ihrer Rechte, gleichviel wo sie sich befinden, und indem nachhaltige Lösungen zur Steigerung der Resilienz und Eigenständigkeit gefördert werden, unter Berücksichtigung der Kapazitäten aller beteiligten Länder;

l) kohärente Ansätze zur Bewältigung der Herausforderungen von Migrationsbewegungen im Kontext plötzlicher und schleichender Naturkatastrophen entwickeln, einschließlich durch Berücksichtigung einschlägiger Empfehlungen aus den von Staaten gelenkten Beratungsprozessen, wie etwa der Agenda for the Protection of Cross-Border Displaced Persons in the Context of Disasters and Climate Change (Agenda zum Schutz der aufgrund von Katastrophen und Klimaänderungen über Grenzen hinweg Vertriebenen) und der Plattform zu Flucht vor Naturkatastrophen.

Ziel 3: Bereitstellung korrekter und zeitnaher Informationen in allen Phasen der Migration

19. Wir verpflichten uns zur Verstärkung unserer Anstrengungen, korrekte, aktuelle, zugängliche und transparente Informationen zu Migrationsfragen für Staaten, Gemeinschaften und Migranten in allen Phasen der Migration bereitzustellen, verfügbar zu machen und unter ihnen zu verbreiten. Wir verpflichten uns ferner, diese Informationen zur Entwicklung einer Migrationspolitik zu verwenden, die für alle Beteiligten ein hohes Maß an Planbarkeit und Rechtssicherheit schafft.

<u>Um diese Verpflichtung zu verwirklichen, werden wir aus den folgenden Maßnahmen schöpfen. Wir werden</u>

a) eine zentralisierte und öffentlich zugängliche nationale Website erstellen und veröffentlichen, die über Möglichkeiten für eine reguläre Migration informiert, so etwa über landesspezifische Einwanderungsgesetze und -regelungen, Visumspflicht, Antragstellungsformalitäten, Gebühren und Umwandlungskriterien, Voraussetzungen für eine Arbeitserlaubnis, erforderliche berufliche Qualifikationen, Prüfung und Anerkennung von Zeugnissen, Ausbildungs- und Studienmöglichkeiten sowie Lebenshaltungskosten und Lebensbedingungen, damit Migranten über eine Entscheidungsgrundlage verfügen;

b) eine systematische Zusammenarbeit und einen systematischen Dialog auf bilateraler, regionaler und internationaler Ebene fördern und verbessern, um Informationen über Migrationstrends auszutauschen, einschließlich durch gemeinsame Datenbanken, Online-Plattformen, internationale Ausbildungszentren und Verbindungsnetzwerke, bei gleichzeitiger Wahrung des Rechts auf Privatheit und Schutz personenbezogener Daten;

c) entlang wichtiger Migrationsrouten offene und frei zugängliche Informationsstellen einrichten, die Migranten auf Möglichkeiten für eine kindergerechte und geschlechtersensible Unterstützung und Beratung verweisen, Möglichkeiten zur Kommunikation mit der konsularischen Vertretung des Herkunftslandes bereitstellen und in einer für die Betroffenen verständlichen Sprache relevante Informationen bereitstellen können, unter anderem über Menschenrechte und Grundfreiheiten, angemessenen Schutz und angemessene Hilfe, Optionen und Wege für eine reguläre Migration und Rückkehrmöglichkeiten;

d) Neuankömmlingen gezielte, geschlechtersensible, kindergerechte, barrierefreie und umfassende Informationen und rechtliche Beratung über ihre Rechten und Pflichten zur Verfügung stellen, einschließlich über die Einhaltung der nationalen und lokalen Rechtsvorschriften, die Erlangung einer Arbeits- und Aufenthaltsgenehmigung, Statusanpassungen, die Registrierung bei Behörden, den Zugang zur Justiz für die Erstattung von Anzeigen wegen Rechtsverletzungen sowie den Zugang zu Grundleistungen;

e) in Zusammenarbeit mit lokalen Behörden, konsularischen und diplomatischen Vertretungen, dem Privatsektor, der Wissenschaft, Migranten- und Diasporaorganisationen sowie der Zivilgesellschaft mehrsprachige, geschlechtersensible und faktengestützte Informationskampagnen in den Herkunftsländern fördern und Aufklärungsveranstaltungen sowie Orientierungskurse vor der Abreise organisieren, um eine sichere, geordnete und reguläre Migration zu fördern und auf die mit irregulärer und unsicherer Migration verbundenen Risiken hinzuweisen.

Ziel 4: Sicherstellung, daß alle Migranten über den Nachweis einer rechtlichen Identität und ausreichende Dokumente verfügen

20. Wir verpflichten uns, das Recht aller Menschen auf eine rechtliche Identität zu erfüllen, indem wir alle unsere Staatsangehörigen mit Nachweisen ihrer Staats-

angehörigkeit und relevanten Dokumenten ausstatten, die es nationalen und lokalen Behörden ermöglichen, die rechtliche Identität von Migranten bei der Einreise, während des Aufenthalts und zum Zwecke der Rückkehr festzustellen sowie effektive Migrationsverfahren, eine effiziente Bereitstellung von Diensten und eine bessere öffentliche Sicherheit zu gewährleisten. Wir verpflichten uns ferner, mittels geeigneter Maßnahmen sicherzustellen, daß Migranten in allen Phasen der Migration ausreichende Dokumente und Personenstandsurkunden wie Geburts-, Heirats- und Sterbeurkunden ausgestellt werden, um sie in die Lage zu versetzen, ihre Menschenrechte effektiv auszuüben.

Um diese Verpflichtung zu verwirklichen, werden wir aus den folgenden Maßnahmen schöpfen. Wir werden

a) die Systeme der Personenstandsregistrierung verbessern, mit besonderem Schwerpunkt darauf, nicht registrierte Personen und unsere im Ausland lebenden Staatsangehörigen zu erreichen, einschließlich durch die Ausstellung relevanter Ausweise und Personenstandsdokumente, die Stärkung der Kapazitäten und Investitionen in informations- und kommunikationstechnologische Lösungen, und dabei gleichzeitig das Recht auf Privatheit wahren und personenbezogene Daten schützen;

b) gemäß den Vorgaben der Internationalen Zivilluftfahrt-Organisation Reisedokumente vereinheitlichen, um die interoperable und universelle Anerkennung von Reisedokumenten zu erleichtern und Identitätsbetrug und Dokumentenfälschung zu bekämpfen, unter anderem durch Investitionen in die Digitalisierung und die Stärkung von Mechanismen zum Austausch biometrischer Daten, und dabei gleichzeitig das Recht auf Privatheit wahren und personenbezogene Daten schützen;

c) sicherstellen, daß unsere in anderen Ländern wohnhaften Staatsangehörigen auf angemessene, rasche, verlässliche und leicht zugängliche Weise konsularische Dokumente, einschließlich Ausweisen und Reisedokumenten, erhalten, unter Einsatz von Informations- und Kommunikationstechnologien sowie durch lokale Informations- und Kontaktarbeit, insbesondere in entfernt gelegenen Gebieten;

d) den Zugang zu personenbezogenen Dokumenten wie Reisepässen und Visa erleichtern und sicherstellen, daß die einschlägigen Vorschriften und Kriterien für den Erhalt solcher Dokumente nichtdiskriminierend sind, indem eine geschlechts- und alterssensible Überprüfung vorgenommen wird, um während des gesamten Migrationszyklus eine Erhöhung des Risikos, in eine prekäre Situation zu geraten, abzuwenden;

e) verstärkte Maßnahmen zur Verminderung der Staatenlosigkeit ergreifen, unter anderem, indem wir neugeborene Migranten registrieren, dafür sorgen, daß Frauen und Männer gleichermaßen ihre Staatsangehörigkeit an ihre Kinder weitergeben können, und im Hoheitsgebiet eines anderen Staates geborenen Kindern die Staatsangehörigkeit zuerkennen, insbesondere in Fällen, in denen das Kind sonst staatenlos wäre, unter voller Achtung des Menschenrechts auf eine Staatsangehörigkeit und im Einklang mit den innerstaatlichen Rechtsvorschriften;

f) die Bestimmungen zur Erbringung des Staatsangehörigkeitsnachweises in Einrichtungen zur Bereitstellung von Diensten überprüfen und revidieren, um sicherzustellen, daß Migranten, die ihre Staatsangehörigkeit oder rechtliche Identität nicht nachweisen können, weder der Zugang zu Grundleistungen noch ihre Menschenrechte verwehrt werden;

g) aufbauend auf bestehenden Praktiken auf lokaler Ebene, die die Teilhabe am Leben der Gemeinschaft erleichtern, etwa den Kontakt mit Behörden und den Zugang zu wichtigen Diensten, allen in einer Gemeinde lebenden Personen, einschließlich Migranten, Registrierungskarten ausstellen, auf denen grundlegende Informationen zur Person vermerkt sind, die aber keinen Anspruch auf Staatsangehörigkeit oder Aufenthalt begründen.

Ziel 5: Verbesserung der Verfügbarkeit und Flexibilität der Wege für eine reguläre Migration

21. Wir verpflichten uns, die Optionen und Wege für eine reguläre Migration in einer Weise anzupassen, die in Widerspiegelung der demografischen Wirklichkeit und der Realität auf dem Arbeitsmarkt Arbeitskräftemobilität und menschenwürdige Arbeit erleichtert, Bildungschancen optimiert, das Recht auf ein Familienleben wahrt und den Bedürfnissen von Migranten in einer prekären Situation gerecht wird, mit dem Ziel, die Verfügbarkeit von Wegen für eine sichere, geordnete und reguläre Migration zu verbessern und zu diversifizieren.

Um diese Verpflichtung zu verwirklichen, werden wir aus den folgenden Maßnahmen schöpfen. Wir werden

a) in Zusammenarbeit mit relevanten Interessenträgern menschenrechtsbasierte und geschlechtersensible bilaterale, regionale und multilaterale Vereinbarungen zur Arbeitskräftemobilität mit sektorspezifischen Standard-Beschäftigungsbedingungen entwickeln, unter Heranziehung der einschlägigen Standards, Richtlinien und Grundsätze der Internationalen Arbeitsorganisation (IAO) und im Einklang mit den internationalen Menschenrechtsnormen und dem internationalen Arbeitsrecht;

GLOBALER MIGRATIONSPAKT · DOKUMENT

b) durch internationale und bilaterale Kooperationsvereinbarungen, wie beispielsweise Freizügigkeitsregelungen, Visaliberalisierung oder Visa für mehrere Länder, und durch Kooperationsrahmen für Arbeitskräftemobilität die regionale und regionenübergreifende Arbeitskräftemobilität erleichtern, im Einklang mit den nationalen Prioritäten, den Bedürfnissen des örtlichen Marktes und dem Qualifikationsangebot;

c) in Abstimmung mit dem Privatsektor und anderen relevanten Interessenträgern bestehende Optionen und Wege für eine reguläre Migration überprüfen und überarbeiten, mit dem Ziel, die Abstimmung von Qualifikationen mit dem Arbeitsmarktbedarf zu optimieren und den demografischen Realitäten und Entwicklungsherausforderungen und -chancen Rechnung zu tragen, im Einklang mit der Arbeitsmarktnachfrage und dem Qualifikationsangebot auf lokaler und nationaler Ebene;

d) flexible, auf Rechte gestützte und geschlechtersensible Arbeitsmobilitätsprogramme für Migranten entwickeln, im Einklang mit der Arbeitsmarktnachfrage auf lokaler und nationaler Ebene und dem Qualifikationsangebot auf allen Niveaus, darunter befristete, saisonale und zirkuläre Programme sowie Schnellspurprogramme in Bereichen mit Arbeitskräftemangel, durch Ausstellung flexibler, umwandelbarer und nichtdiskriminierender Visa und Genehmigungen, beispielsweise für dauerhafte und befristete Beschäftigung oder die mehrfache Einreise zu Studien-, Geschäfts-, Besuchs-, Investitions- und unternehmerischen Zwecken;

e) eine effektive Abstimmung von Qualifikationen mit dem Arbeitsmarktbedarf der Volkswirtschaft fördern, indem lokale Behörden und andere relevante Interessenträger, vor allem der Privatsektor und die Gewerkschaften, in die Analyse des lokalen Arbeitsmarktes, die Ermittlung von Qualifikationsdefiziten, die Festlegung von Qualifikationsanforderungsprofilen und die Bewertung der Wirksamkeit von Arbeitsmigrationsregelungen einbezogen werden, mit dem Ziel, durch reguläre Zugangswege eine marktorientierte Mobilität von Vertragsarbeitskräften sicherzustellen;

f) effiziente und wirksame Programme der Qualifikationsabstimmung fördern, indem die Fristen für die Bearbeitung von Visa und Erlaubnissen für Standard-Beschäftigungsgenehmigungen verkürzt werden und Arbeitgebern, die sich nachweislich an die Regeln halten, eine Beschleunigung und Erleichterung der Bearbeitung von Visa und Erlaubnissen angeboten wird;

g) nationale und regionale Verfahren für die Einreise und Aufenthalte von angemessener Dauer entwickeln oder bestehende Verfahren ausbauen, die auf der Grundlage mitmenschlicher, humanitärer oder sonstiger Erwägungen für Migranten gelten, die aufgrund plötzlicher Naturkatastrophen und anderer prekärer Situationen gezwungen sind, ihr Herkunftsland zu verlassen, beispielsweise durch die Erteilung von Visa aus humanitären Gründen, die Übernahme privater Patenschaften, die Gewährleistung des Bildungszugangs für Kinder und die Erteilung befristeter Arbeitsgenehmigungen, solange eine Anpassung im Herkunftsland oder eine Rückkehr dorthin nicht möglich ist;

h) bei der Ermittlung, Entwicklung und Verstärkung von Lösungen für Migranten zusammenarbeiten, die aufgrund von schleichenden Naturkatastrophen, den nachteiligen Auswirkungen des Klimawandels und Umweltzerstörung, beispielsweise Wüstenbildung, Landverödung, Dürren und Anstieg des Meeresspiegels, gezwungen sind, ihr Herkunftsland zu verlassen, einschließlich indem in Fällen, in denen eine Anpassung im Herkunftsland oder eine Rückkehr dorthin nicht möglich ist, Optionen für eine geplante Neuansiedlung und Visumerteilung konzipiert werden;

i) für Migranten auf allen Qualifikationsniveaus den Zugang zu Verfahren der Familienzusammenführung durch geeignete Maßnahmen erleichtern, die die Verwirklichung des Rechts auf ein Familienleben und das Wohl des Kindes fördern, einschließlich durch Überprüfung und Neufassung geltender Vorschriften, beispielsweise in Bezug auf Einkommen, Sprachkenntnisse, Aufenthaltsdauer, Arbeitsgenehmigung und Zugang zu sozialer Sicherheit und sozialen Diensten;

j) in Zusammenarbeit mit wissenschaftlichen Einrichtungen und anderen relevanten Interessenträgern vorhandene Möglichkeiten für akademische Mobilität erweitern, einschließlich durch bilaterale und multilaterale Vereinbarungen, die akademische Austausche ermöglichen, wie zum Beispiel Stipendien für Studierende und wissenschaftliche Fachkräfte, Gastprofessuren, gemeinsame Ausbildungsprogramme und internationale Forschungsmöglichkeiten.

Ziel 6: Förderung einer fairen und ethisch vertretbaren Rekrutierung von Arbeitskräften und Gewährleistung der Bedingungen für eine menschenwürdige Arbeit

22. Wir verpflichten uns, bestehende Rekrutierungsmechanismen zu überprüfen, um zu gewährleisten, daß sie fair und ethisch vertretbar sind, und alle Arbeitsmigranten vor allen Formen von Ausbeutung und Mißbrauch zu schützen, um eine menschenwürdige Arbeit zu garantieren und den sozioökonomischen Beitrag von Migranten sowohl in ihren Herkunfts- als auch in ihren Zielländern zu maximieren.

Um diese Verpflichtung zu verwirklichen, werden wir aus den folgenden Maßnahmen schöpfen. Wir werden

a) die Unterzeichnung und Ratifikation der einschlägigen internationalen Übereinkünfte betreffend internationale Arbeitsmigration, Arbeitsrechte, menschenwürdige Arbeit und Zwangsarbeit sowie den Beitritt zu diesen Übereinkünften und ihre Durchführung fördern;

b) auf bestehenden bilateralen, subregionalen und regionalen Plattformen aufbauen, die Hindernisse für die Arbeitskräftemobilität überwunden und bewährte Verfahren in diesem Bereich aufgezeigt haben, indem ein regionenübergreifender Dialog gefördert wird, um dieses Wissen weiterzugeben und um die volle Achtung der Menschen- und Arbeitsrechte von Arbeitsmigranten auf allen Qualifikationsniveaus, einschließlich Hausangestellter mit Migrationshintergrund, zu fördern;

c) die Vorschriften betreffend öffentliche und private Vermittler von Arbeitskräften verbessern, um sie mit internationalen Richtlinien und bewährten Verfahren in Einklang zu bringen, und Vermittlern und Arbeitgebern verbieten, Arbeitsmigranten Vermittlungsgebühren oder ähnliche Kosten in Rechnung zu stellen oder auf sie zu verlagern, mit dem Ziel, Schuldknechtschaft, Ausbeutung und Zwangsarbeit zu verhindern, einschließlich durch die Schaffung verbindlicher, durchsetzbarer Mechanismen für eine wirksame Regulierung und Überwachung der Vermittlungsbranche;

d) mit allen relevanten Interessenträgern, einschließlich Arbeitgebern, Arbeitsmigrantenorganisationen und Gewerkschaften, Partnerschaften bilden, um sicherzustellen, daß Arbeitsmigranten schriftliche Verträge erhalten und in einer ihnen verständlichen Sprache über die darin enthaltenen Bestimmungen, die Vorschriften in Bezug auf die internationale Rekrutierung von Arbeitskräften und die Beschäftigung im Zielland, ihre Rechte und Pflichten sowie über ihre Zugangsmöglichkeiten zu wirksamen Beschwerde- und Rechtsbehelfsmechanismen aufgeklärt werden;

e) innerstaatliche Rechtsvorschriften zur Bestrafung von Menschenrechts- und Arbeitsrechtsverletzungen, insbesondere in Fällen von Zwangs- und Kinderarbeit, erlassen und umsetzen und in Zusammenarbeit mit dem Privatsektor, einschließlich Arbeitgebern, Arbeitskräftevermittlern, Subunternehmern und Lieferanten, Partnerschaften aufbauen, die menschenwürdige Arbeitsbedingungen fördern, Missbrauch und Ausbeutung verhindern und sicherstellen, daß die Rollen und Verantwortlichkeiten innerhalb der Rekrutierungs- und Beschäftigungsprozesse klar umrissen sind, wodurch die Transparenz der Lieferkette erhöht wird;

f) die Durchsetzung von Normen und Grundsätzen für eine faire und ethisch vertretbare Rekrutierung von Arbeitskräften und menschenwürdige Arbeit verstärken und zu diesem Zweck die Fähigkeit von Arbeitsaufsichts- und anderen Behörden verbessern, Arbeitskräftevermittler, Arbeitgeber und Dienstleister in allen Sektoren besser zu überwachen, und so sicherstellen, daß die internationalen Menschenrechts- und Arbeitsrechtsnormen eingehalten werden, um alle Formen der Ausbeutung, Sklaverei, Knechtschaft und Zwangs-, Pflicht- oder Kinderarbeit zu verhindern;

g) Prozesse der Arbeitsmigration und einer fairen und ethisch vertretbaren Rekrutierung entwickeln und verstärken, die es Migranten ermöglichen, mit minimalem Verwaltungsaufwand den Arbeitgeber zu wechseln und die Bedingungen oder die Dauer ihres Aufenthalts zu ändern, und dabei gleichzeitig mehr Chancen auf menschenwürdige Arbeit und die Achtung der internationalen Menschenrechts- und Arbeitsrechtsnormen fördern;

h) Maßnahmen ergreifen, die die Einziehung oder ohne Einwilligung erfolgende Einbehaltung von Arbeitsverträgen und Reise- oder Ausweisdokumenten von Migranten verbieten, um Mißbrauch, alle Formen von Ausbeutung, Zwangs-, Pflicht- und Kinderarbeit, Erpressung und andere Situationen der Abhängigkeit zu verhindern und Migranten zu ermöglichen, ihre Menschenrechte in vollem Umfang auszuüben;

i) Arbeitsmigranten, die einer bezahlten und vertragsgemäßen Arbeit nachgehen, dieselben Arbeitsrechte und denselben Arbeitsschutz gewährleisten, die allen Arbeitskräften im jeweiligen Sektor gewährt werden, beispielsweise das Recht auf gerechte und befriedigende Arbeitsbedingungen, auf gleiches Entgelt für gleichwertige Arbeit, auf Versammlungs- und Vereinigungsfreiheit zu friedlichen Zwecken und auf das erreichbare Höchstmaß an körperlicher und geistiger Gesundheit, einschließlich durch Lohnschutzmechanismen, sozialen Dialog und Mitgliedschaft in Gewerkschaften;

j) sicherstellen, daß Migranten, die in der informellen Wirtschaft arbeiten, bei Ausbeutung, Missbrauch oder Verletzung ihrer Rechte am Arbeitsplatz einen sicheren Zugang zu wirksamen Anzeige-, Beschwerde- und Rechtsbehelfsmechanismen haben, ohne daß diejenigen von ihnen, die solche Vorkommnisse anprangern, in eine noch prekärere Situation geraten, und daß sie an den jeweiligen Rechtsverfahren, sei es im Herkunfts- oder im Zielland, teilnehmen können;

k) die einschlägigen nationalen Arbeitsgesetze und beschäftigungspolitischen Strategien und Programme überprüfen, um sicherzustellen, daß sie den besonderen Bedürfnissen und Beiträgen von Arbeitsmigrantinnen Rechnung tragen, insbesondere denjenigen, die als Hausangestellte arbeiten oder Tätigkeiten nachgehen, die eine geringe Qualifikation erfordern, und gezielte Maßnahmen ergreifen, um alle Formen von Ausbeutung und Mißbrauch, einschließlich sexueller und geschlechtsspezifischer Gewalt, zu verhindern, zu melden, zu bekämpfen und wirksame Rechtsbehelfe dagegen zu schaffen, als Grundlage für die Förderung einer geschlechtersensiblen Politik zur Arbeitskräftemobilität;

l) nationale Richtlinien und Programme betreffend die internationale Arbeitskräftemobilität entwickeln und verbessern und dabei die einschlägigen Empfehlungen der von der IAO herausgegebenen General Principles and Operational Guidelines for Fair Recruitment (Allgemeine Grundsätze und operative Leitlinien für faire Rekrutierung), der Leitprinzipien der Vereinten Nationen für Wirtschaft und Menschenrechte und des Internationalen Systems für Integrität bei der Rekrutierung (International Recruitment Integrity System, IRIS) der IOM zu berücksichtigen.

Ziel 7: Bewältigung und Minderung prekärer Situationen im Rahmen von Migration

23. Wir verpflichten uns, auf die Bedürfnisse von Migranten einzugehen, die sich aufgrund der Bedingungen, unter denen sie unterwegs sind oder mit denen sie im Herkunfts-, Transit- oder Zielland konfrontiert sind, in prekären Situationen befinden können, und sie zu diesem Zweck im Einklang mit unseren völkerrechtlichen Verpflichtungen zu unterstützen und ihre Menschenrechte zu schützen. Wir verpflichten uns ferner, in Situationen, in denen Kinder betroffen sind, jederzeit das Wohl des Kindes als vorrangigen Gesichtspunkt zu wahren und im Umgang mit prekären Situationen einen geschlechtersensiblen Ansatz anzuwenden, einschließlich bei Antwortmaßnahmen auf gemischte Flucht- und Migrationsbewegungen.

<u>Um diese Verpflichtung zu verwirklichen, werden wir aus den folgenden Maßnahmen schöpfen. Wir werden</u>

a) einschlägige Richtlinien und Verfahrensweisen überprüfen, um sicherzustellen, daß sie Migranten nicht in prekäre Situationen bringen oder solche Situationen verschärfen oder unabsichtlich verstärken, unter anderem indem ein menschenrechtsbasierter, geschlechter- und behindertensensibler sowie alters- und kindergerechter Ansatz verfolgt wird;

b) umfassende Regelungen treffen und Partnerschaften entwickeln, die Migranten in einer prekären Situation ungeachtet ihres Migrationsstatus in allen Phasen der Migration notwendige Unterstützung geben, durch

Identifizierung und Hilfestellung sowie Schutz ihrer Menschenrechte, insbesondere in Fällen im Zusammenhang mit gefährdeten Frauen, Kindern, insbesondere unbegleiteten und von ihrer Familie getrennten Kindern, Angehörigen ethnischer und religiöser Minderheiten, Opfern von Gewalt, einschließlich sexueller und geschlechtsspezifischer Gewalt, älteren Menschen, Menschen mit Behinderungen, Menschen, die aus irgendeinem Grund diskriminiert werden, Angehörigen indigener Völker, Arbeitskräften, die Ausbeutung und Missbrauch ausgesetzt sind, Hausangestellten, Opfern von Menschenhandel und Migranten, die im Kontext von Migrantenschleusung Ausbeutung und Mißbrauch ausgesetzt sind;

c) eine geschlechtersensible Migrationspolitik entwickeln, die den besonderen Bedürfnissen und prekären Situationen migrierender Frauen, Mädchen und Jungen Rechnung trägt und Hilfeleistung, Gesundheitsversorgung, psychologische und sonstige Beratungsdienste sowie Zugang zur Justiz und die Bereitstellung wirksamer Rechtsbehelfe, insbesondere in Fällen sexueller und geschlechtsspezifischer Gewalt, Mißhandlung und Ausbeutung, einschließen kann;

d) in Zusammenarbeit mit relevanten Interessenträgern, insbesondere dem Privatsektor, die bestehenden einschlägigen Arbeitsgesetze und Arbeitsbedingungen überprüfen, um die Gefahren und Mißbräuche zu ermitteln und wirksam zu bekämpfen, denen Arbeitsmigranten aller Qualifikationsniveaus am Arbeitsplatz ausgesetzt sind, einschließlich derjenigen, die Hausangestellte sind und die in der informellen Wirtschaft arbeiten;

e) im Rahmen nationaler Kinderschutzsysteme Kindermigranten Rechnung tragen und zu diesem Zweck robuste Verfahren zu ihrem Schutz in relevanten gesetzgeberischen, administrativen und gerichtlichen Verfahren und Entscheidungen sowie in allen migrationspolitischen Strategien und Programmen, die sich auf Kinder auswirken, festlegen, darunter Maßnahmen und Leistungen im Bereich des konsularischen Schutzes sowie grenzübergreifende Kooperationsrahmen, um zu gewährleisten, daß der Grundsatz des Kindeswohls angemessen integriert, einheitlich ausgelegt und in Abstimmung und Zusammenarbeit mit Kinderschutzbehörden angewandt wird;

f) unbegleitete und von ihren Familien getrennte Kinder in allen Phasen der Migration durch die Festlegung spezieller Verfahren zu ihrer Identifizierung, Weiterverweisung, Betreuung und Familienzusammenführung schützen und ihnen den Zugang zu Gesundheitsversorgung, einschließlich im Bereich der psychischen Gesundheit, sowie zu Bildung, rechtlicher Unterstützung und dem Recht, in Verwaltungs- und Gerichtsverfahren gehört zu werden, gewährleisten, einschließlich durch die zügige Bestellung eines kompetenten und unparteiischen Vormunds, als wesentliches Mittel, um den besonderen Verwundbarkeiten und der Diskriminierung, denen sie ausgesetzt sind, zu begegnen, sie vor allen Formen von Gewalt zu schützen und ihnen zu nachhaltigen Lösungen zu verhelfen, die in ihrem besten Interesse liegen;

g) sicherstellen, daß Migranten in sie betreffenden Gerichtsverfahren, einschließlich bei jeder damit zusammenhängenden gerichtlichen oder administrativen Anhörung, Zugang zu einer staatlichen oder bezahlbaren unabhängigen rechtlichen Unterstützung und Vertretung haben, um zu gewährleisten, daß alle Migranten überall vor dem Gesetz als Person anerkannt werden und daß die Rechtsprechung unparteiisch und nichtdiskriminierend ist;

h) zugängliche und zweckdienliche Verfahren entwickeln, die den Übergang von einem Status zum anderen erleichtern und Migranten über ihre Rechte und Pflichten informieren, um zu vermeiden, daß sie im Zielland in einen irregulären Status geraten, die Unsicherheit in Bezug auf den Status und die damit verbundenen Verwundbarkeiten zu mindern sowie individuelle Statusprüfungen für Migranten zu ermöglichen, auch für diejenigen, die ihren regulären Status verloren haben, ohne daß sie eine willkürliche Ausweisung befürchten müssen;

i) aufbauend auf bestehenden Verfahrensweisen Migranten mit irregulärem Status auf Einzelfallbasis und mit klaren und transparenten Kriterien den Zugang zu einer individuellen Prüfung, die zu einem regulären Status führen kann, erleichtern, insbesondere in Fällen, in denen Kinder, Jugendliche und Familien betroffen sind, als Option, um prekäre Situationen zu mindern sowie Staaten zu ermöglichen, sich ein besseres Wissen über die ansässige Bevölkerung zu verschaffen;

j) konkrete Unterstützungsmaßnahmen treffen, um sicherzustellen, daß Migranten, die in Transit- und Zielländern in Krisensituationen geraten sind, Zugang zu konsularischem Schutz und humanitärer Hilfe haben, so auch durch Erleichterung der grenzübergreifenden und breiteren internationalen Zusammenarbeit und Berücksichtigung von Migrantengruppen bei der Krisenvorsorge, bei Notfallmaßnahmen und bei der Krisennachsorge;

k) lokale Behörden und relevante Interessenträger an der Identifizierung, Weiterverweisung und Unterstützung von Migranten, die sich in einer prekären Situation befinden, beteiligen, einschließlich durch Vereinbarungen mit nationalen Schutzeinrichtungen und Anbietern von rechtlicher Unterstützung und Diensten sowie die Inanspruchnahme mobiler Einsatzteams, wo diese bestehen;

l) nationale Strategien und Programme zur Verbesserung der nationalen Maßnahmen entwickeln, die den Bedürfnissen von Migranten in prekären Situationen Rechnung tragen, und dabei die einschlägigen Empfehlungen der von der Globalen Gruppe für Migrationsfragen herausgegebenen Principles and Guidelines, supported by practical guidance, on the human rights protection of migrants in vulnerable situations (Grundsätze und Leitlinien, gestützt auf praktische Anleitung, über den Schutz der Menschenrechte von Migranten in prekären Situationen) berücksichtigen.

Ziel 8: Rettung von Menschenleben und Festlegung koordinierter internationaler Maßnahmen betreffend vermisste Migranten

24. Wir verpflichten uns zur internationalen Zusammenarbeit mit dem Ziel, durch einzelne oder gemeinsame Such- und Rettungseinsätze und durch standardisierte Sammlung und Austausch einschlägiger Informationen Menschenleben zu retten und den Tod und die Verletzung von Migranten zu verhindern, in kollektiver Verantwortung für den Schutz des Lebens aller Migranten und im Einklang mit dem Völkerrecht. Wir verpflichten uns ferner, die Toten oder Vermissten zu identifizieren und die Kommunikation mit den betroffenen Familien zu erleichtern.

Um diese Verpflichtung zu verwirklichen, werden wir aus den folgenden Maßnahmen schöpfen. Wir werden

a) Verfahren und Vereinbarungen für die Suche und Rettung von Migranten erarbeiten, deren primäres Ziel es ist, das Recht von Migranten auf Leben zu schützen, und die das Verbot der Kollektivausweisung aufrechterhalten, ordnungsgemäße Verfahren und Einzelprüfungen garantieren, Aufnahme- und Hilfskapazitäten verbessern und sicherstellen, daß die Bereitstellung von Hilfe aus rein humanitären Gründen nicht als rechtswidrig erachtet wird;

[...]b–f

Ziel 9: Verstärkung der grenzübergreifenden Bekämpfung der Schleusung von Migranten

25. Wir verpflichten uns, die gemeinsamen Anstrengungen zur Prävention und Bekämpfung der Schleusung von Migranten zu intensivieren, indem wir die Kapazitäten und die internationale Zusammenarbeit zur Prävention, Untersuchung, strafrechtlichen Verfolgung und Bestrafung der Schleusung von Migranten verstärken, mit dem Ziel, der Straflosigkeit der Schleusernetzwerke ein Ende zu bereiten. Wir verpflichten uns ferner, zu gewährleisten, daß Migranten nicht strafrechtlich dafür verfolgt werden können, daß sie Gegenstand der Schleusung

waren, ungeachtet einer potenziellen strafrechtlichen Verfolgung wegen anderer Verstöße gegen nationales Recht. Wir verpflichten uns außerdem, geschleuste Migranten zu identifizieren, um ihre Menschenrechte zu schützen, und dabei die besonderen Bedürfnisse von Frauen und Kindern zu berücksichtigen und insbesondere diejenigen Migranten, die unter erschwerenden Umständen geschleust wurden, zu unterstützen, im Einklang mit dem Völkerrecht.

Um diese Verpflichtung zu verwirklichen, werden wir aus den folgenden Maßnahmen schöpfen. Wir werden

a) die Ratifikation des Protokolls gegen die Schleusung von Migranten auf dem Land-, See- und Luftweg zum Übereinkommen der Vereinten Nationen gegen die grenzüberschreitende organisierte Kriminalität, den Beitritt zu diesem Protokoll und seine Durchführung fördern;

[...] b–f

Ziel 10: Prävention, Bekämpfung und Beseitigung von Menschenhandel im Kontext der internationalen Migration

26. Wir verpflichten uns, gesetzgeberische oder sonstige Maßnahmen zu treffen, um Menschenhandel im Kontext internationaler Migration zu verhüten, zu bekämpfen und zu beseitigen, indem wir die Kapazitäten und die internationale Zusammenarbeit zur Untersuchung, strafrechtlichen Verfolgung und Bestrafung von Menschenhandel verstärken, der Nachfrage entgegenwirken, die eine zu Menschenhandel führende Ausbeutung fördert, und der Straflosigkeit für Menschenhändlernetzwerke ein Ende setzen. Wir verpflichten uns ferner, die Identifizierung, den Schutz und die Unterstützung von Migranten, die Opfer von Menschenhandel geworden sind, zu verbessern und dabei Frauen und Kindern besondere Aufmerksamkeit zu widmen.

Um diese Verpflichtung zu verwirklichen, werden wir aus den folgenden Maßnahmen schöpfen. Wir werden

a) die Ratifikation des Protokolls zur Verhütung, Bekämpfung und Bestrafung des Menschenhandels, insbesondere des Frauen- und Kinderhandels, zum Übereinkommen der Vereinten Nationen gegen die grenzüberschreitende organisierte Kriminalität, den Beitritt zu diesem Protokoll und seine Durchführung fördern;

b) die Umsetzung des Weltaktionsplans der Vereinten Nationen zur Bekämpfung des Menschenhandels fördern und bei der Ausarbeitung und Umsetzung nationaler und regionaler Politiken und Maßnahmen gegen den Menschenhandel die einschlägigen Empfehlungen des vom Büro der

DER UN-MIGRATIONSPAKT

Vereinten Nationen für Drogen- und Verbrechensbekämpfung (UNODC) entwickelten Toolkit to Combat Trafficking in Persons (Instrumentarium zur Bekämpfung des Menschenhandels) und anderer einschlägiger Dokumente des UNODC berücksichtigen;

[...] c–j

Ziel 11: Integriertes, sicheres und koordiniertes Grenzmanagement

27. Wir verpflichten uns, das Management unserer nationalen Grenzen zu koordinieren, die bilaterale und regionale Zusammenarbeit zu fördern, die Sicherheit der Staaten, Gemeinschaften und Migranten zu gewährleisten, sichere und reguläre Grenzübertritte zu ermöglichen und gleichzeitig irreguläre Migration zu verhindern. Wir verpflichten uns ferner, eine Grenzmanagementpolitik durchzuführen, die die nationale Souveränität, die Rechtsstaatlichkeit, die völkerrechtlichen Verpflichtungen und die Menschenrechte aller Migranten ungeachtet ihres Migrationsstatus achtet und nichtdiskriminierend, geschlechtersensibel und kindergerecht ist.

<u>Um diese Verpflichtung zu verwirklichen, werden wir aus den folgenden Maßnahmen schöpfen. Wir werden</u>

a) unter Berücksichtigung der besonderen Situation der Transitländer die internationale, regionale und regionenübergreifende Zusammenarbeit im Grenzmanagement bei der ordnungsgemäßen Identifizierung, der raschen und effizienten Weiterverweisung, der Unterstützung und dem angemessenen Schutz von Migranten in prekären Situationen an oder in der Nähe von internationalen Grenzen verbessern, unter Einhaltung der internationalen Menschenrechtsnormen, und zu diesem Zweck einen Gesamtregierungsansatz verfolgen, gemeinsame grenzübergreifende Trainings durchführen und Kapazitätsaufbaumaßnahmen fördern;

b) geeignete Strukturen und Mechanismen für ein effektives integriertes Grenzmanagement schaffen und zu diesem Zweck für umfassende und effiziente Grenzübertrittsverfahren sorgen, einschließlich durch Vorabkontrollen ankommender Personen, Vorabübermittlung von Passagierinformationen durch Beförderungsunternehmen und Nutzung der Informations- und Kommunikationstechnologien, und dabei den Grundsatz der Nichtdiskriminierung wahren, das Recht auf Privatheit achten und personenbezogene Daten schützen;

c) die einschlägigen nationalen Verfahren der Grenzkontrolle, der Einzelprüfung und der Befragung überprüfen und revidieren, um zu gewährleisten, daß die Verfahren an internationalen Grenzen ordnungsgemäß ablaufen und daß alle Migranten im Einklang mit den internationalen Menschenrechtsnormen behandelt werden, einschließlich in Zusammenarbeit mit nationalen Menschenrechtsinstitutionen und anderen relevanten Interessenträgern;

d) Vereinbarungen zur technischen Zusammenarbeit erarbeiten, die es Staaten ermöglichen, Ressourcen, Ausrüstungen und sonstige technische Hilfe zur Stärkung des Grenzmanagements anzufordern und anzubieten, insbesondere bei Such- und Rettungseinsätzen sowie in anderen Notfallsituationen;

e) im Einklang mit dem Völkerrecht sicherstellen, daß Kinderschutzbehörden unverzüglich informiert und angewiesen werden, sich an Verfahren zur Feststellung des Kindeswohls zu beteiligen, sobald ein unbegleitetes oder von seiner Familie getrenntes Kind eine internationale Grenze überschreitet, was die Schulung von Grenzbeamten im Umgang mit den Rechten des Kindes und mit kindergerechten Verfahren einschließt, wie etwa Verfahren zur Prävention von Familientrennungen oder zur Zusammenführung getrennter Familien;

f) die einschlägigen Gesetze und Vorschriften überprüfen und revidieren, um festzustellen, ob Sanktionen eine geeignete Antwort auf irreguläre Einreise oder irregulären Aufenthalt sind, und wenn ja, sicherzustellen, daß die Sanktionen verhältnismäßig, ausgewogen und nichtdiskriminierend sind und in vollem Umfang rechtsstaatlichen Verfahren und anderen völkerrechtlichen Verpflichtungen entsprechen;

g) die grenzüberschreitende Zusammenarbeit zwischen Nachbarstaaten und anderen Staaten im Zusammenhang mit der Behandlung von Menschen, die internationale Grenzen überschreiten oder zu überschreiten versuchen, verbessern, einschließlich durch Berücksichtigung der einschlägigen Empfehlungen der vom Hohen Kommissariat der Vereinten Nationen für Menschenrechte herausgegebenen Recommended Principles and Guidelines on Human Rights at International Borders (Empfohlene Grundsätze und Leitlinien zu Menschenrechten an internationalen Grenzen) bei der Ermittlung bewährter Verfahren.

Ziel 12: Stärkung der Rechtssicherheit und Planbarkeit bei Migrationsverfahren zur Gewährleistung einer angemessenen Prüfung, Bewertung und Weiterverweisung

28. Wir verpflichten uns, im Einklang mit dem Völkerrecht die Rechtssicherheit und Planbarkeit der Migrationsverfahren zu erhöhen, indem wir effektive und menschenrechtsbasierte Mechanismen für die adäquate und zeitnahe Prüfung

und Einzelbeurteilung aller Migranten entwickeln und stärken, zu dem Zweck, geeignete Weiterverweisungsverfahren festzulegen und den Zugang zu ihnen zu erleichtern.

Um diese Verpflichtung zu verwirklichen, werden wir aus den folgenden Maßnahmen schöpfen. Wir werden

a) die Transparenz von Migrationsverfahren und den Zugang zu ihnen verbessern und zu diesem Zweck über die Voraussetzungen für Einreise, Aufnahme, Aufenthalt, Arbeit, Studium oder andere Tätigkeiten informieren und Technologien zur Vereinfachung der Antragsverfahren einführen, um unnötige Verzögerungen und Kosten für die Staaten und Migranten zu vermeiden;

[...] b–e

Ziel 13: Freiheitsentziehung bei Migranten nur als letztes Mittel und Bemühung um Alternativen

29. Wir verpflichten uns, zu gewährleisten, daß jegliche Freiheitsentziehung im Kontext der internationalen Migration einem rechtsstaatlichen Verfahren folgt, nicht willkürlich ist, auf der Grundlage des Gesetzes, der Notwendigkeit, der Verhältnismäßigkeit und einer Einzelprüfung erfolgt, von entsprechend befugtem Personal vorgenommen wird und von möglichst kurzer Dauer ist, ungeachtet dessen, ob die Freiheitsentziehung bei der Einreise, beim Transit oder beim Rückkehrverfahren stattfindet und an welchem Ort sie erfolgt. Wir verpflichten uns ferner, nicht freiheitsentziehenden Alternativen, die im Einklang mit dem Völkerrecht stehen, den Vorzug zu geben und einen menschenrechtsbasierten Ansatz zu verfolgen, bei dem die Entziehung der Freiheit von Migranten nur als letztes Mittel eingesetzt wird.

Um diese Verpflichtung zu verwirklichen, werden wir aus den folgenden Maßnahmen schöpfen. Wir werden

a) mittels bestehender relevanter Menschenrechtsmechanismen die unabhängige Überwachung der Freiheitsentziehung bei Migranten verbessern und dabei gewährleisten, daß sie nur als letztes Mittel eingesetzt wird, daß keine Menschenrechtsverletzungen begangen werden und daß Staaten Alternativen zur Freiheitsentziehung fördern, umsetzen und ausbauen, vorzugsweise nicht freiheitsentziehende Maßnahmen und Regelungen für die Betreuung in der Gemeinschaft, insbesondere im Falle von Familien und Kindern;

b) ein umfassendes Repositorium zur Verbreitung bewährter Verfahrensweisen für menschenrechtsbasierte Alternativen zur Freiheitsentziehung im

Kontext internationaler Migration aufbauen, so auch indem regelmäßige Austausche und die Entwicklung von Initiativen auf der Grundlage erfolgreicher Verfahrensweisen zwischen Staaten und relevanten Interessenträgern erleichtert werden;

c) die einschlägige Gesetzgebung, Politik und Praxis betreffend die Entziehung der Freiheit von Migranten überprüfen und revidieren, um sicherzustellen, daß keine willkürliche Freiheitsentziehung stattfindet, daß Entscheidungen zur Freiheitsentziehung auf der Grundlage des Gesetzes erfolgen, verhältnismäßig sind, einen rechtmäßigen Zweck erfüllen und auf Einzelfallbasis und unter voller Einhaltung rechtsstaatlicher Verfahren und Verfahrensgarantien erfolgen und daß die Freiheitsentziehung weder dem Zweck der Abschreckung dient noch als eine Form grausamer, unmenschlicher oder erniedrigender Behandlung eingesetzt wird, im Einklang mit den internationalen Menschenrechtsnormen;

d) allen Migranten, denen in Transit- und Zielländern die Freiheit entzogen wird oder werden könnte, Zugang zur Justiz gewähren, unter anderem indem der Zugang zu einer kostenlosen oder bezahlbaren qualifizierten und unabhängigen Rechtsberatung und -hilfe sowie der Zugang zu Informationen und dem Recht auf ordnungsgemäße Prüfung einer Anordnung zur Freiheitsentziehung erleichtert werden;

e) gewährleisten, daß alle in Gewahrsam befindlichen Migranten in einer ihnen verständlichen Sprache eine Begründung für den Entzug ihrer Freiheit erhalten, und ihnen die Ausübung ihrer Rechte ermöglichen, einschließlich des Rechts, unverzüglich mit der entsprechenden konsularischen oder diplomatischen Vertretung, Rechtsvertretern und Familienangehörigen zu kommunizieren, im Einklang mit dem Völkerrecht und rechtsstaatlichen Verfahrensgarantien;

f) die negativen und potenziell anhaltenden Auswirkungen einer Freiheitsentziehung bei Migranten verringern, indem ordnungsgemäße Verfahren und Verhältnismäßigkeit garantiert werden sowie gewährleistet wird, daß die Freiheitsentziehung von minimaler Dauer ist, die körperliche und geistig-seelische Unversehrtheit gewahrt bleibt und mindestens der Zugang zu Nahrung, medizinischer Grundversorgung, rechtlicher Orientierung und Unterstützung und Informations- und Kommunikationsmöglichkeiten sowie eine angemessene Unterbringung gewährleistet ist, im Einklang mit den internationalen Menschenrechtsnormen;

g) sicherstellen, daß alle staatlichen Behörden und privaten Akteure, die ordnungsgemäß befugt sind, Migranten in Gewahrsam zu nehmen und zu halten, dies auf eine menschenrechtskonforme Weise tun, daß sie in

Nicht diskriminierung und Prävention willkürlicher Festnahme und Freiheitsentziehung im Kontext internationaler Migration geschult sind und daß sie für Menschenrechtsverletzungen oder -übergriffe zur Rechenschaft gezogen werden;

h) jederzeit die Rechte und das Wohl des Kindes ungeachtet seines Migrationsstatus schützen und achten und zu diesem Zweck sicherstellen, daß eine Reihe gangbarer Alternativen zur Freiheitsentziehung zur Verfügung stehen und genutzt werden können, vorzugsweise Regelungen für die Betreuung in der Gemeinschaft, die den Zugang zu Bildung und Gesundheitsversorgung gewährleisten und das Recht auf Familienleben und die Einheit der Familie achten, und uns dafür einsetzen, daß die Praxis der Freiheitsentziehung bei Kindern im Kontext internationaler Migration beendet wird.

Ziel 14: Verbesserung des konsularischen Schutzes und der konsularischen Hilfe und Zusammenarbeit im gesamten Migrationszyklus

30. Wir verpflichten uns, den konsularischen Schutz und die konsularische Hilfe für unsere Staatsangehörigen im Ausland sowie die konsularische Zusammenarbeit zwischen den Staaten zu verstärken, um die Rechte und Interessen aller Migranten zu jeder Zeit besser zu schützen, und aufbauend auf den Funktionen konsularischer Vertretungen die Interaktionen zwischen Migranten und den staatlichen Behörden der Herkunfts-, Transit- und Zielländer zu verbessern, im Einklang mit dem Völkerrecht.

Um diese Verpflichtung zu verwirklichen, werden wir aus den folgenden Maßnahmen schöpfen. Wir werden

a) dabei zusammenarbeiten, konsularische Kapazitäten aufzubauen, Konsularbeamte zu schulen und Regelungen für die kollektive Bereitstellung konsularischer Dienste zu fördern, wenn einzelne Staaten nicht über die Kapazitäten verfügen, einschließlich durch Bereitstellung technischer Hilfe, und bilaterale oder regionale Vereinbarungen zu verschiedenen Aspekten der konsularischen Zusammenarbeit erarbeiten;

[...] b–f

Ziel 15: Gewährleistung des Zugangs von Migranten zu Grundleistungen

31. Wir verpflichten uns, sicherzustellen, daß alle Migranten ungeachtet ihres Migrationsstatus ihre Menschenrechte durch einen sicheren Zugang zu Grundleistungen wahrnehmen können. Wir verpflichten uns ferner zur Stärkung von Leistungserbringungssystemen, die Migranten einschließen, ungeachtet

GLOBALER MIGRATIONSPAKT · DOKUMENT

dessen, daß Staatsangehörige und reguläre Migranten möglicherweise Anspruch auf umfassendere Leistungen haben; dabei ist sicherzustellen, daß jede unterschiedliche Behandlung auf dem Gesetz beruht, verhältnismäßig ist und einen rechtmäßigen Zweck verfolgt, im Einklang mit den internationalen Menschenrechtsnormen.

<u>Um diese Verpflichtung zu verwirklichen, werden wir aus den folgenden Maßnahmen schöpfen.</u> Wir werden

a) Gesetze erlassen und Maßnahmen ergreifen, um sicherzustellen, daß bei der Erbringung von Leistungen keine Diskriminierung von Migranten aufgrund der Rasse, der Hautfarbe, des Geschlechts, der Sprache, der Religion, der politischen oder sonstigen Überzeugung, der nationalen oder sozialen Herkunft, des Vermögens, der Geburt, einer Behinderung oder aus anderen Gründen stattfindet, ungeachtet der Fälle, in denen eine unterschiedliche Leistungserbringung aufgrund des Migrationsstatus zutreffen kann;

b) sicherstellen, daß die Zusammenarbeit zwischen Leistungserbringern und Einwanderungsbehörden nicht die prekäre Situation irregulärer Migranten verschärft, indem ihr sicherer Zugang zu Grundleistungen beeinträchtigt oder das Menschenrecht auf Privatheit, Freiheit und Sicherheit der Person an Orten der Erbringung von Grundleistungen verletzt wird;

c) ganzheitliche und leicht erreichbare Servicestellen auf lokaler Ebene einrichten und stärken, die Migranten einschließen, einschlägige Informationen über Grundleistungen in einer geschlechter- und behindertensensiblen sowie kindergerechten Weise bereitstellen und einen sicheren Zugang dazu ermöglichen;

d) unabhängige Institutionen auf nationaler oder lokaler Ebene, wie etwa nationale Menschenrechtsorganisationen, zu dem Zweck einrichten oder damit beauftragen, Beschwerden über Situationen, in denen der Zugang von Migranten zu Grundleistungen systematisch verweigert oder behindert wird, entgegenzunehmen, zu untersuchen und zu verfolgen, den Zugang zu Rechtsbehelfen zu erleichtern und auf eine Änderung in der Praxis hinzuwirken;

e) den gesundheitlichen Bedürfnissen von Migranten im Rahmen der nationalen und lokalen Gesundheitspolitik und -planung Rechnung tragen, indem beispielsweise die Kapazitäten für die Leistungserbringung verstärkt werden, ein bezahlbarer und nichtdiskriminierender Zugang gefördert wird, Kommunikationshindernisse abgebaut werden und die Leistungserbringer im Gesundheitswesen in kultureller Sensibilität geschult werden, um die körperliche und geistig-seelische Gesundheit von Migranten und Gemeinschaften allgemein zu fördern, einschließlich unter Berücksichtigung der einschlägigen Empfehlungen des von der Weltgesundheitsorganisation entwickelten Framework of Priorities and Guiding Principles to Promote the Health of Refugees and Migrants (Rahmen der Prioritäten und Leitprinzipien zur Förderung der Gesundheit von Flüchtlingen und Migranten);

f) Migranten im Kindes- und Jugendalter eine inklusive und gleichberechtigte hochwertige Bildung gewährleisten sowie den Zugang zu Möglichkeiten des lebenslangen Lernens erleichtern, so auch indem die Kapazitäten der Bildungssysteme verstärkt werden und ein nichtdiskriminierender Zugang zu Programmen der frühkindlichen Erziehung, der formalen Schulbildung und der informellen Bildung für Kinder, die keinen Zugang zum formalen Bildungssystem haben, sowie zu einer Ausbildung am Arbeitsplatz, Berufs- und Fachausbildung und Sprachunterricht erleichtert wird sowie Partnerschaften mit allen Interessenträgern gefördert werden, die solche Vorhaben unterstützen können.

Ziel 16: Befähigung von Migranten und Gesellschaften zur Verwirklichung der vollständigen Inklusion und des sozialen Zusammenhalts

32. Wir verpflichten uns, inklusive, von sozialem Zusammenhalt geprägte Gesellschaften zu fördern, indem wir Migranten befähigen, zu aktiven Mitgliedern der Gesellschaft zu werden, und das gegenseitige Engagement der Aufnahmegesellschaft und der Migranten bei der Ausübung ihrer Rechte und Pflichten zueinander fördern, einschließlich der Einhaltung der innerstaatlichen Gesetze und der Achtung der Gebräuche des Ziellandes. Wir verpflichten uns ferner, das Wohlergehen aller Mitglieder der Gesellschaft zu stärken, indem wir Ungleichheiten so weit wie möglich verringern, Polarisierung vermeiden und das Vertrauen der Öffentlichkeit in die Migrationspolitik und die mit Migration befassten Institutionen stärken, entsprechend der Erkenntnis, daß vollständig integrierte Migranten besser in der Lage sind, zum Wohlstand beizutragen.

<u>Um diese Verpflichtung zu verwirklichen, werden wir aus den folgenden Maßnahmen schöpfen. Wir werden</u>

a) den gegenseitigen Respekt für die Kultur, die Traditionen und die Gebräuche der Zielgesellschaft und der Migranten fördern und zu diesem Zweck bewährte Verfahrensweisen im Bereich von Integrationspolitik, -programmen und -tätigkeiten, einschließlich Wegen zur Förderung der Akzeptanz von Vielfalt und der Erleichterung von sozialem Zusammenhalt und Inklusion, austauschen und umsetzen;

b) umfassende und bedarfsabhängige Programme einrichten, die vor der Abreise und nach der Ankunft über Rechte und Pflichten informieren,

GLOBALER MIGRATIONSPAKT · DOKUMENT

grundlegende Sprachkenntnisse vermitteln sowie eine Orientierung über die sozialen Normen und Gebräuche im Zielland umfassen können;

c) nationale kurz-, mittel- und langfristige Politikziele zur gesellschaftlichen Inklusion von Migranten entwickeln, insbesondere zur Eingliederung in den Arbeitsmarkt, Familienzusammenführung, Bildung, Nichtdiskriminierung und Gesundheit, einschließlich durch die Förderung von Partnerschaften mit relevanten Interessenträgern;

d) auf inklusive Arbeitsmärkte und eine umfassende Teilhabe von Arbeitsmigranten in der formellen Wirtschaft hinarbeiten, indem der Zugang zu einer menschenwürdigen Arbeit und Beschäftigung, für die sie am besten qualifiziert sind, erleichtert wird, im Einklang mit der Arbeitsmarktnachfrage und dem Qualifikationsangebot auf lokaler und nationaler Ebene;

e) Arbeitsmigrantinnen stärken, indem geschlechtsspezifische diskriminierende Hindernisse für die formelle Beschäftigung beseitigt werden, das Recht auf Vereinigungsfreiheit gewährleistet wird und der Zugang zu Grundleistungen erleichtert wird, mit dem Ziel, ihre Führungsfähigkeiten zu fördern und ihre volle, freie und gleichberechtigte Teilhabe in Gesellschaft und Wirtschaft zu garantieren;

f) auf lokaler Ebene kommunale Zentren oder Programme zur Förderung der Teilhabe von Migranten in der Aufnahmegesellschaft einrichten, in denen sich Migranten, Mitglieder der örtlichen Gemeinschaft, Diasporaorganisationen, Migrantenverbände und lokale Behörden an einem interkulturellen Dialog, dem Austausch von Geschichten, Mentorenprogrammen und der Entwicklung geschäftlicher Beziehungen beteiligen, die die Integrationsergebnisse verbessern und den gegenseitigen Respekt fördern;

g) aus den Fertigkeiten und kulturellen und sprachlichen Kenntnissen von Migranten und Aufnahmegemeinschaften Nutzen ziehen, indem Programme der Peer-to-Peer-Ausbildung und geschlechtersensible, berufsausbildende und der bürgerschaftlichen Integration dienende Kurse und Workshops entwickelt und gefördert werden;

h) multikulturelle Aktivitäten durch Sport, Musik, Kunst, kulinarische Feste, ehrenamtliches Engagement und andere soziale Veranstaltungen unterstützen, die das gegenseitige Verständnis und die Wertschätzung der Kulturen von Migranten und Zielgesellschaften fördern;

i) ein schulisches Umfeld fördern, in dem Kindermigranten sich wohlfühlen und sicher sind und das ihre Bestrebungen unterstützt, und zu diesem Zweck die Beziehungen innerhalb der schulischen Gemeinschaft verbessern, faktengestützte Informationen über Migration in die Lehrpläne aufnehmen und

DER UN-MIGRATIONSPAKT

für Schulen mit einer hohen Konzentration von Kindermigranten gezielte Mittel für Integrationsaktivitäten bereitstellen, um die Achtung von Vielfalt und Inklusion zu fördern und alle Formen der Diskriminierung, einschließlich Rassismus, Fremdenfeindlichkeit und Intoleranz, zu verhüten.

Ziel 17: Beseitigung aller Formen der Diskriminierung und Förderung eines auf nachweisbaren Fakten beruhenden öffentlichen Diskurses zur Gestaltung der Wahrnehmung von Migration

33. Wir verpflichten uns, im Einklang mit den internationalen Menschenrechtsnormen alle Formen der Diskriminierung zu beseitigen und Äußerungen, Handlungen und Ausprägungen von Rassismus, Rassendiskriminierung, Gewalt, Fremdenfeindlichkeit und damit zusammenhängender Intoleranz gegenüber allen Migranten zu verurteilen und zu bekämpfen. Wir verpflichten uns ferner, in Partnerschaft mit allen Teilen der Gesellschaft einen offenen und auf nachweisbaren Fakten beruhenden öffentlichen Diskurs zu fördern, der zu einer realistischeren, humaneren und konstruktiveren Wahrnehmung von Migration und Migranten führt. Wir verpflichten uns außerdem, im Einklang mit dem Völkerrecht das Recht der freien Meinungsäußerung zu schützen, in der Erkenntnis, daß eine offene und freie Debatte zu einem umfassenden Verständnis aller Aspekte der Migration beiträgt.

<u>Um diese Verpflichtung zu verwirklichen, werden wir aus den folgenden Maßnahmen schöpfen. Wir werden</u>

a) **Rechtsvorschriften erlassen, umsetzen oder aufrechterhalten, die Haßstraftaten und schwerere Haßstraftaten, die sich gegen Migranten richten, unter Strafe stellen, und Strafverfolgungs- und andere Beamte darin schulen, solche Straftaten und andere Gewalttaten, die sich gegen Migranten richten, zu erkennen, zu verhindern und darauf zu reagieren sowie den Opfern medizinische, rechtliche und psychosoziale Hilfe zu leisten;**

b) **Migranten und Gemeinschaften befähigen, jede Aufstachelung zu Gewalt gegen Migranten anzuzeigen, indem sie über vorhandene Rechtsbehelfsmechanismen informiert werden, und sicherstellen, daß diejenigen, die sich aktiv an der Begehung einer Haßstraftat gegen Migranten beteiligen, im Einklang mit den innerstaatlichen Rechtsvorschriften zur Rechenschaft gezogen werden, wobei die internationalen Menschenrechtsnormen, insbesondere das Recht auf freie Meinungsäußerung, zu wahren sind;**

c) **unter voller Achtung der Medienfreiheit eine unabhängige, objektive und hochwertige Berichterstattung durch die Medien, einschließlich Informationen im Internet, fördern, unter anderem durch Sensibilisierung und**

Aufklärung von Medienschaffenden hinsichtlich Migrationsfragen und -begriffen, durch Investitionen in ethische Standards der Berichterstattung und Werbung und durch Einstellung der öffentlichen Finanzierung oder materiellen Unterstützung von Medien, die systematisch Intoleranz, Fremdenfeindlichkeit, Rassismus und andere Formen der Diskriminierung gegenüber Migranten fördern;

d) in Partnerschaft mit nationalen Menschenrechtsinstitutionen Mechanismen schaffen, um die Behördenpraxis der Erstellung von Migrantenprofilen aufgrund der Rasse, der Ethnie oder der Religion sowie systematische Fälle von Intoleranz, Fremdenfeindlichkeit, Rassismus und allen anderen mehrfachen und sich überschneidenden Formen der Diskriminierung zu verhüten, aufzudecken und zu bekämpfen, einschließlich durch Beobachtung und Veröffentlichung von Trendanalysen, und einen Zugang zu wirksamen Beschwerde- und Rechtsbehelfsmechanismen sicherstellen;

e) Migranten, insbesondere Migrantinnen, Zugang zu nationalen und regionalen Beschwerde- und Rechtsbehelfsmechanismen verschaffen, mit dem Ziel, die Rechenschaftspflicht zu fördern und staatliche Maßnahmen im Zusammenhang mit diskriminierenden Handlungen und Bekundungen, die sich gegen Migranten und ihre Familien richten, anzugehen;

f) Aufklärungskampagnen fördern, die an die Gesellschaften in den Herkunfts-, Transit- und Zielländern gerichtet sind und den Zweck haben, auf der Grundlage von Beweisen und Fakten die öffentliche Wahrnehmung des positiven Beitrags einer sicheren, geordneten und regulären Migration zu gestalten und Rassismus, Fremdenfeindlichkeit und die Stigmatisierung aller Migranten zu beenden;

g) Migranten, Führungsverantwortliche aus Politik, Religion und Gesellschaft sowie Pädagogen und Dienstleister darin einbeziehen, Fälle von Intoleranz, Rassismus, Fremdenfeindlichkeit und anderen Formen der Diskriminierung von Migranten und Diasporagemeinschaften aufzudecken und zu verhüten und Aktivitäten in lokalen Gemeinschaften zur Förderung der gegenseitigen Achtung zu unterstützen, einschließlich im Rahmen von Wahlkampagnen.

Ziel 18: Investition in Aus- und Weiterbildung und Erleichterung der gegenseitigen Anerkennung von Fertigkeiten, Qualifikationen und Kompetenzen

34. Wir verpflichten uns, in innovative Lösungen zu investieren, die die gegenseitige Anerkennung der Fertigkeiten, Qualifikationen und Kompetenzen von Arbeitsmigranten auf allen Qualifikationsniveaus erleichtern und eine bedarfsorientierte Aus- und Weiterbildung fördern, um die Beschäftigungsfähigkeit von Migranten

auf dem formalen Arbeitsmarkt in den Zielländern und nach ihrer Rückkehr in die Herkunftsländer zu optimieren und eine menschenwürdige Arbeit für Arbeitsmigranten zu gewährleisten.

Um diese Verpflichtung zu verwirklichen, werden wir aus den folgenden Maßnahmen schöpfen. Wir werden

a) in Zusammenarbeit mit den jeweiligen Industrien Standards und Leitlinien für die gegenseitige Anerkennung ausländischer Qualifikationsabschlüsse und nicht formal erworbener Fertigkeiten in verschiedenen Sektoren erarbeiten, mit dem Ziel, weltweite Kompatibilität auf der Grundlage bestehender Modelle und bewährter Verfahrensweisen zu gewährleisten;

b) die Transparenz der Zertifizierungen und die Kompatibilität nationaler Qualifikationsrahmen fördern, indem einheitliche Kriterien, Indikatoren und Bewertungsparameter vereinbart und nationale Instrumente, Register oder Institutionen zur Erstellung von Qualifikationsprofilen geschaffen und gestärkt werden, um wirksame und effiziente Verfahren für die gegenseitige Anerkennung auf allen Qualifikationsniveaus zu erleichtern;

c) bilaterale, regionale oder multilaterale Vereinbarungen zur gegenseitigen Anerkennung schließen oder in andere Vereinbarungen, etwa in Vereinbarungen zur Arbeitskräftemobilität oder Handelsabkommen, Anerkennungsklauseln aufnehmen, um Gleichwertigkeit oder Vergleichbarkeit in nationalen Systemen herzustellen, zum Beispiel durch automatische oder gesteuerte Mechanismen zur gegenseitigen Anerkennung;

d) Technologie und Digitalisierung einsetzen, um Fertigkeiten auf der Grundlage formaler Zeugnisse sowie nicht formal erworbene Kompetenzen und Berufserfahrung auf allen Qualifikationsniveaus umfassender zu bewerten und gegenseitig anzuerkennen;

e) globale Kompetenzpartnerschaften zwischen Ländern aufbauen, die die Ausbildungskapazitäten der nationalen Behörden und relevanten Interessenträger, einschließlich des Privatsektors und der Gewerkschaften, stärken und die Aus- und Weiterbildung von Arbeitskräften in den Herkunftsländern und von Migranten in den Zielländern fördern, mit dem Ziel, die Auszubildenden für eine Beschäftigung auf den Arbeitsmärkten aller teilnehmenden Länder zu qualifizieren;

f) interinstitutionelle Netzwerke und Kooperationsprogramme für Partnerschaften zwischen dem Privatsektor und Bildungseinrichtungen in den Herkunfts- und Zielländern fördern, um Migranten, Gemeinwesen und teilnehmenden Partnern wechselseitig nutzbringende Möglichkeiten der

Aus- und Weiterbildung zu eröffnen, einschließlich auf der Grundlage der bewährten Verfahren des im Rahmen des Globalen Forums für Migration und Entwicklung entwickelten Busineß Mechanism (Mechanismus zur Einbindung der Wirtschaft);

in Zusammenarbeit mit relevanten Interessenträgern bilaterale Partnerschaften eingehen und Programme durchführen, die die Vermittlung und Verbreitung von Fertigkeiten und die berufliche Mobilität fördern, zum Beispiel Studienaustauschprogramme, Stipendien, berufliche Austauschprogramme und Praktikanten- oder Auszubildendenprogramme, die den daran Teilnehmenden nach erfolgreichem Abschluß Möglichkeiten eröffnen, eine Beschäftigung zu suchen und sich unternehmerisch zu betätigen;

h) mit dem Privatsektor und Arbeitgebern zusammenarbeiten, um Migranten auf allen Qualifikationsniveaus leicht zugängliche und geschlechtersensible Fern- oder Onlineprogramme zur Vermittlung und Abstimmung von Qualifikationen zur Verfügung zu stellen, einschließlich einer frühzeitigen und berufsspezifischen Sprachausbildung, Ausbildung am Arbeitsplatz und Bereitstellung von Fortbildungsprogrammen, und so ihre Beschäftigungsfähigkeit in Sektoren mit entsprechendem Arbeitskräftebedarf auf der Grundlage des Wissens der jeweiligen Branche über die Arbeitsmarktdynamik zu verbessern und insbesondere die wirtschaftliche Selbstbestimmung der Frauen zu stärken;

i) die Fähigkeit von Arbeitsmigranten verbessern, von einem Arbeitsplatz oder Arbeitgeber zu einem anderen zu wechseln, indem Dokumente zur Anerkennung von am Arbeitsplatz oder durch Ausbildung erworbenen Fertigkeiten bereitgestellt werden, um den Nutzen der Weiterqualifizierung zu optimieren;

j) innovative Methoden zur gegenseitigen Anerkennung und zur Bewertung formal und informell erworbener Fertigkeiten entwickeln und fördern, einschließlich durch eine zeitige und ergänzende Ausbildung von Arbeitsuchenden, Mentoring und Praktikumsprogramme, um bestehende Zeugnisse voll anzuerkennen und Befähigungsnachweise zur Validierung neu erworbener Fertigkeiten bereitzustellen;

k) Zeugnisüberprüfungsmechanismen einrichten und Migranten darüber informieren, wie sie ihre Fertigkeiten und Qualifikationen vor ihrer Abreise bewerten und anerkennen lassen können, einschließlich in Rekrutierungsverfahren oder frühzeitig nach der Ankunft, um die Beschäftigungsfähigkeit zu verbessern;

l) zusammenarbeiten, um in Partnerschaft mit den relevanten Interessenträgern Dokumentations- und Informationsinstrumente zu fördern, die einen

Überblick über die in den Herkunfts-, Transit- und Zielländern anerk[a]
Zeugnisse, Fertigkeiten und Qualifikationen einer Arbeitskraft gebe[n]
so Arbeitgeber in die Lage versetzen, im Rahmen von Bewerbungsverf[ahren]
die Eignung von Arbeitsmigranten einzuschätzen.

Ziel 19: Herstellung von Bedingungen, unter denen Migranten und Dias[poras]
in vollem Umfang zur nachhaltigen Entwicklung in allen Länder beitr[agen]
können

35. Wir verpflichten uns, Migranten und Diasporas zu befähigen, einen katalysatd[ri]schen Beitrag zur Entwicklung zu leisten, und die Vorteile der Migration als Quel[le] für nachhaltige Entwicklung zu nutzen, in Bekräftigung dessen, daß Migration eine multidimensionale Realität von hoher Bedeutung für die nachhaltige Entwicklung der Herkunfts-, Transit- und Zielländer ist.

Um diese Verpflichtung zu verwirklichen, werden wir aus den folgenden Maßnahmen schöpfen. Wir werden

a) die vollständige und wirksame Umsetzung der Agenda 2030 für nachhaltige Entwicklung und der Aktionsagenda von Addis Abeba sicherstellen, indem die positiven Auswirkungen von Migration für die Verwirklichung aller Ziele für nachhaltige Entwicklung befördert und verstärkt werden;

b) den Bereich Migration in die Entwicklungsplanung und Sektorpolitik auf lokaler, nationaler, regionaler und globaler Ebene integrieren, unter Berücksichtigung vorhandener einschlägiger Richtlinien und Empfehlungen, wie etwa des von der Globalen Gruppe für Migrationsfragen herausgegebenen Handbuchs Mainstreaming Migration into Development Planning: A Handbook for Policymakers and Practicioners (Integration der Migration in die Entwicklungsplanung: Handbuch für Verantwortliche in Politik und Praxis), um die Politikkohärenz und Wirksamkeit der Entwicklungszusammenarbeit zu verstärken;

c) in die Erforschung der Wirkung investieren, die von den nichtfinanziellen Beiträgen von Migranten und Diasporas zur nachhaltigen Entwicklung in den Herkunfts- und Zielländern ausgeht, etwa von der Übertragung von Kenntnissen und Fertigkeiten, sozialem und bürgerschaftlichem Engagement und dem kulturellen Austausch, mit dem Ziel, eine faktengestützte Politik zu entwickeln und die globalen Politikdiskussionen zu stärken;

d) die Beiträge von Migranten und Diasporas zu ihren Herkunftsländern fördern, insbesondere durch die Einrichtung oder Stärkung staatlicher Strukturen oder Mechanismen auf allen Ebenen, zum Beispiel für die Diaspora zuständiger Büros oder Anlaufstellen, diasporapolitischer Beiräte für Regierungen, um dem Potenzial von Migranten und Diasporas bei der Gestaltung der Migrations- und Entwicklungspolitik Rechnung zu tragen, und für die Diaspora zuständiger Anlaufstellen in diplomatischen oder konsularischen Vertretungen;

e) gezielte Förderprogramme und Finanzprodukte entwickeln, die Investitionen und die unternehmerische Betätigung von Migranten und der Diaspora erleichtern, unter anderem durch administrative und rechtliche Unterstützung bei der Unternehmensgründung, Gewährung von Startkapital- Zuschüssen, Auflage von DiasporaAnleihen, Diaspora-Entwicklungsfonds und Investitionsfonds und die Veranstaltung spezieller Handelsmessen;

f) leicht zugängliche Informationen und Orientierungshilfen bereitstellen, einschließlich über digitale Plattformen, sowie maßgeschneiderte Mechanismen für ein koordiniertes und wirksames finanzielles, freiwilliges oder philanthropisches Engagement von Migranten und Diasporas, insbesondere bei humanitären Notsituationen in ihren Herkunftsländern, auch unter Einbeziehung konsularischer Vertretungen;

g) die politische Teilhabe und das politische Engagement von Migranten in ihren Herkunftsländern ermöglichen, insbesondere bei Friedens- und Aussöhnungsprozessen, bei Wahlen und politischen Reformen, zum Beispiel durch die Einrichtung von Wahlregistern für Staatsangehörige im Ausland, und durch parlamentarische Vertretung, im Einklang mit den innerstaatlichen Rechtsvorschriften;

h) eine Migrationspolitik fördern, die den Nutzen der Diasporas für die Herkunfts- und Zielländer und ihre Gemeinschaften optimiert, indem mit minimalem Verwaltungsaufwand flexible Reise-, Arbeits- und Investitionsregelungen ermöglicht werden, einschließlich durch Überprüfung und Neufassung von Visums-, Aufenthalts- und Staatsangehörigkeitsbestimmungen, soweit angezeigt;

i) mit anderen Staaten, dem Privatsektor und Arbeitgeberorganisationen zusammenarbeiten, um Migranten und Diasporas die Möglichkeit zu geben, insbesondere in hochgradig technischen und stark nachgefragten Bereichen, einen Teil ihrer beruflichen Tätigkeit in ihren Heimatländern auszuüben und dort Wissen zu transferieren, ohne dadurch zwangsläufig ihre Beschäftigung, ihren Aufenthaltsstatus oder ihre Sozialleistungsansprüche zu verlieren;

j) Partnerschaften zwischen lokalen Behörden, lokalen Gemeinschaften, dem Privatsektor, Diasporas, Heimatverbänden und Migrantenorganisationen aufbauen, um den Transfer von Kenntnissen und Fertigkeiten zwischen ihren Herkunfts- und Zielländern zu fördern, einschließlich durch Erfassung der Diasporas und ihrer Fertigkeiten, und so die Verbindung zwischen den Diasporas und ihren Herkunftsländern aufrechtzuerhalten.

Ziel 20: Schaffung von Möglichkeiten für schnellere, sicherere und kostengünstigere Rücküberweisungen und Förderung der finanziellen Inklusion von Migranten

36. Wir verpflichten uns, schnellere, sicherere und kostengünstigere Rücküberweisungen zu fördern, indem wir die bestehenden förderlichen politischen und regulatorischen Rahmenbedingungen, die Wettbewerb, Regulierung und Innovation auf dem Überweisungsmarkt ermöglichen, weiterentwickeln und geschlechtersensible Programme und Instrumente bereitstellen, die die finanzielle Inklusion von Migranten und ihren Familien fördern. Wir verpflichten uns ferner, die transformative Wirkung von Rücküberweisungen auf das Wohlergehen von Arbeitsmigranten und ihren Familien sowie auf die nachhaltige Entwicklung der Länder zu optimieren, unter Berücksichtigung dessen, daß Rücküberweisungen eine wichtige Quelle privaten Kapitals darstellen und nicht mit anderen internationalen Finanzströmen wie ausländischen Direktinvestitionen, öffentlicher Entwicklungshilfe oder anderen öffentlichen Quellen der Entwicklungsfinanzierung gleichgesetzt werden können.

Um diese Verpflichtung zu verwirklichen, werden wir aus den folgenden Maßnahmen schöpfen. Wir werden

a) einen Fahrplan erstellen, um bis 2030 im Einklang mit Ziel 10.c der Agenda 2030 für nachhaltige Entwicklung die Transaktionskosten für Rücküberweisungen von Migranten auf weniger als 3 Prozent zu senken und Überweisungskorridore mit Kosten von über 5 Prozent zu beseitigen;

b) den von den Vereinten Nationen verkündeten Internationalen Tag der Heimatüberweisungen an Familienangehörige und das vom Internationalen Fonds für landwirtschaftliche Entwicklung organisierte Globale Forum für Rücküberweisungen, Investition und Entwicklung als wichtige Plattform zur Bildung und Stärkung von Partnerschaften für innovative Lösungen für kostengünstigere, schnellere und sicherere Rücküberweisungen mit allen relevanten Interessenträgern fördern und unterstützen;

c) die Vorschriften für den Überweisungsmarkt harmonisieren und die Interoperabilität der Überweisungsinfrastruktur entlang der Korridore verbessern, indem sichergestellt wird, daß Maßnahmen zur Bekämpfung von illegalen Finanzströmen und Geldwäsche die Rücküberweisungen von

Migranten nicht durch unangemessene, exzessive oder diskriminierende Politikvorgaben behindern;

d) politische und regulatorische Rahmenbedingungen schaffen, die einen wettbewerbsfähigen und innovativen Überweisungsmarkt fördern, ungerechtfertigte Hindernisse für Überweisungsdienstleister, die keine Banken sind, beim Zugang zur Zahlungsverkehrsinfrastruktur beseitigen, Steuerbefreiungen oder -anreize in Bezug auf Rücküberweisungen anwenden, den Marktzugang für unterschiedliche Dienstleister fördern, dem Privatsektor Anreize zur Erweiterung des Angebots an Überweisungsdiensten verschaffen und die Sicherheit und Planbarkeit von Transaktionen mit geringem Wert verbessern, unter Berücksichtigung von Fragen im Zusammenhang mit dem Abbau von Risiken, und in Konsultation mit Überweisungsdienstleistern und Finanzaufsichtsbehörden eine Methodologie zur Unterscheidung von Rücküberweisungen und illegalen Geldströmen entwickeln;

e) innovative technologische Lösungen für Rücküberweisungen entwickeln, zum Beispiel mobile Zahlungen, digitale Instrumente oder Online-Banking, um Kosten zu senken, die Geschwindigkeit und die Sicherheit zu erhöhen, mehr Überweisungen über reguläre Kanäle zu ermöglichen und geschlechtersensible Distributionswege für unterversorgte Bevölkerungsgruppen zu öffnen, insbesondere für Menschen in ländlichen Gebieten, Menschen mit niedrigem Alphabetisierungsniveau und Menschen mit Behinderungen;

f) leicht zugängliche Informationen über Überweisungskosten nach Dienstleister und Überweisungsweg bereitstellen, zum Beispiel über Preisvergleich-Websites, um die Transparenz und den Wettbewerb auf dem Überweisungsmarkt zu erhöhen und die finanzielle Kompetenz und Inklusion von Migranten und ihren Familien durch Ausbildung und Schulung zu fördern;

g) Programme und Instrumente entwickeln, um Investitionen von Überweisungsabsendern in lokale Entwicklung und unternehmerische Tätigkeit in den Herkunftsländern zu fördern, zum Beispiel durch Beihilfemechanismen, kommunale Anleihen und Partnerschaften mit Heimatverbänden, mit dem Ziel, das transformative Potenzial von Rücküberweisungen über die einzelnen Haushalte von Arbeitsmigranten aller Qualifikationsniveaus hinaus zu erhöhen;

h) Migrantinnen in die Lage versetzen, eine finanzielle Allgemeinbildung zu erlangen, Zugang zu formalen Systemen für den Überweisungsverkehr zu erhalten, ein Bankkonto zu eröffnen und finanzielle Vermögenswerte, Investitionen und Geschäfte zu besitzen und zu lenken, und auf diese Weise geschlechtsspezifische Ungleichheiten bekämpfen und die aktive Teilhabe von Migrantinnen an der Wirtschaft fördern;

i) für Migranten, einschließlich einkommensschwacher und von Frauen geführter Haushalte, Banklösungen und Finanzinstrumente bereitstellen und in Zusammenarbeit mit dem Bankensektor entwickeln, zum Beispiel Bankkonten, die direkte Einzahlungen von Arbeitgebern ermöglichen, Sparkonten, Darlehen und Kredite.

Ziel 21: Zusammenarbeit bei der Ermöglichung einer sicheren und würdevollen Rückkehr und Wiederaufnahme sowie einer nachhaltigen Reintegration

37. Wir verpflichten uns, eine sichere und würdevolle Rückkehr und Wiederaufnahme zu ermöglichen und diesbezüglich zusammenzuarbeiten und ordnungsgemäße Verfahren, Einzelprüfungen und effektiven Rechtsschutz zu gewährleisten, indem wir im Einklang mit unseren internationalen menschenrechtlichen Verpflichtungen das Verbot der kollektiven Ausweisung und der Rückführung von Migranten aufrechterhalten, wenn eine reale und vorhersehbare Gefahr von Tod, Folter und anderer grausamer, unmenschlicher und erniedrigender Behandlung oder Strafe oder anderer nicht wiedergutzumachender Schädigung besteht. Wir verpflichten uns ferner, zu gewährleisten, daß unsere Staatsangehörigen ordnungsgemäß empfangen und wiederaufgenommen werden, unter voller Achtung des Menschenrechts auf Rückkehr in das eigene Land und der Verpflichtung der Staaten, ihre eigenen Staatsangehörigen wiederaufzunehmen. Wir verpflichten uns außerdem, förderliche Bedingungen für persönliche Sicherheit, wirtschaftliche Stärkung, Inklusion und sozialen Zusammenhalt in Gemeinschaften zu schaffen, um sicherzustellen, daß die Reintegration von Migranten nach ihrer Rückkehr in ihre Herkunftsländer nachhaltig ist.

Um diese Verpflichtung zu verwirklichen, werden wir aus den folgenden Maßnahmen schöpfen. Wir werden

a) bilaterale, regionale und multilaterale Kooperationsrahmen und -vereinbarungen, einschließlich Wiederaufnahmevereinbarungen, ausarbeiten und umsetzen, die gewährleisten, daß die Rückkehr von Migranten in ihr eigenes Land und ihre Wiederaufnahme in Sicherheit und Würde sowie unter voller Einhaltung der internationalen Menschenrechtsnormen, einschließlich der Rechte des Kindes, erfolgt, und werden zu diesem Zweck klare und einvernehmliche Verfahren festlegen, die Verfahrensgarantien wahren, Einzelprüfungen und Rechtssicherheit gewährleisten, und sicherstellen, daß diese Verfahren auch Regelungen enthalten, die eine nachhaltige Reintegration erleichtern;

b) geschlechtersensible und kindergerechte Rückkehr- und Reintegrationsprogramme fördern, die eine rechtliche, soziale und finanzielle Unterstützung umfassen können, und gewährleisten, daß jede Rückkehr im Rahmen solcher freiwilliger Programme tatsächlich auf der Grundlage der freien,

GLOBALER MIGRATIONSPAKT · DOKUMENT

vorherigen und aufgeklärten Einwilligung der Betroffenen erfolgt und daß zurückkehrende Migranten bei ihrem Reintegrationsprozeß durch wirksame Partnerschaften unterstützt werden, auch um zu verhindern, daß sie nach der Rückkehr im Herkunftsland zu Vertriebenen werden;

c) bei der Feststellung der Identität von Staatsangehörigen und der Ausstellung von Reisedokumenten für eine sichere und würdevolle Rückkehr und Wiederaufnahme von Personen, die im Hoheitsgebiet eines anderen Staates kein Bleiberecht haben, zusammenarbeiten, indem zuverlässige und effiziente Instrumente zur Feststellung der Identität der eigenen Staatsangehörigen geschaffen werden, zum Beispiel durch die Aufnahme biometrischer Identifikatoren in die Bevölkerungsregister und die Digitalisierung von Personenstandsregistern, unter voller Achtung des Rechts auf Privatheit und des Schutzes personenbezogener Daten;

d) institutionelle Kontakte zwischen den konsularischen Behörden und zuständigen Beamten der Herkunfts- und Zielländer fördern und Migranten vor ihrer Rückkehr adäquate konsularische Hilfe leisten, indem ihnen der Zugang zu Ausweisen, Reisedokumenten und anderen Diensten erleichtert und so Planbarkeit, Sicherheit und Würde bei der Rückkehr und Wiederaufnahme gewährleistet werden;

e) sicherstellen, daß die Rückführung von Migranten, die im Hoheitsgebiet eines anderen Staates kein Bleiberecht haben, in Sicherheit und Würde und nach Einzelprüfung erfolgt und von den zuständigen Behörden im Rahmen einer raschen und wirksamen Zusammenarbeit zwischen Herkunfts- und Zielländern durchgeführt wird und daß dabei alle anwendbaren Rechtsbehelfe ausgeschöpft werden können, unter Einhaltung der Garantien eines ordnungsgemäßen Verfahrens und der anderen internationalen menschenrechtlichen Verpflichtungen;

f) in Partnerschaft mit relevanten Interessenträgern nationale Mechanismen des Rückkehrmonitorings einrichten oder stärken, die unabhängige Empfehlungen zu Mitteln und Wegen zur Stärkung der Rechenschaftspflicht erteilen, mit dem Ziel, die Sicherheit, die Würde und die Menschenrechte aller zurückkehrenden Migranten zu gewährleisten;

g) sicherstellen, daß Verfahren zur Rückführung und Wiederaufnahme von Kindern erst nach Feststellung des Kindeswohls durchgeführt werden und dabei dem Recht auf Familienleben und die Einheit der Familie Rechnung getragen wird und daß ein Elternteil, ein Vormund oder eine speziell befugte Person das Kind während des gesamten Verfahrens begleitet und dafür gesorgt ist, daß im Herkunftsland geeignete Regelungen für die Aufnahme, Betreuung und Reintegration zurückkehrender Kinder bestehen;

h) die nachhaltige Reintegration zurückkehrender Migranten in das Leben der Gemeinschaft fördern, indem ihnen gleicher Zugang zu sozialem Schutz und sozialer Versorgung, zur Justiz, zu psychosozialer Hilfe und beruflicher Ausbildung, zu Beschäftigungsmöglichkeiten und menschenwürdiger Arbeit verschafft, ihre im Ausland erworbenen Fertigkeiten anerkannt und ihnen Zugang zu Finanzdienstleistungen gegeben werden, um ihr unternehmerisches Können, ihre Fertigkeiten und ihr Humankapital als aktive und zur nachhaltigen Entwicklung im Herkunftsland beitragenden Mitglieder der Gesellschaft voll zu nutzen;

i) die Bedürfnisse der Gemeinschaften, in die Migranten zurückkehren, ermitteln und ihnen Rechnung tragen, indem in nationale und lokale Entwicklungsstrategien, die Infrastrukturplanung, Haushaltszuweisungen und andere relevante Politikentscheidungen entsprechende Bestimmungen aufgenommen werden und mit lokalen Behörden und relevanten Interessenträgern zusammengearbeitet wird.

Ziel 22: Schaffung von Mechanismen zur Übertragbarkeit von Sozialversicherungs- und erworbenen Leistungsansprüchen

38. Wir verpflichten uns, Arbeitsmigranten aller Qualifikationsniveaus dabei zu helfen, in den Zielländern Zugang zu Sozialschutz zu erhalten und von der Übertragbarkeit geltender Sozialversicherungs- und erworbener Leistungsansprüche in ihren Herkunftsländern oder beim Entschluß zur Aufnahme einer Beschäftigung in einem anderen Land zu profitieren.

[...]

Ziel 23: Stärkung internationaler Zusammenarbeit und globaler Partnerschaften für eine sichere, geordnete und reguläre Migration

39. Wir verpflichten uns, einander durch verstärkte internationale Zusammenarbeit und eine neu belebte globale Partnerschaft bei der Verwirklichung der in diesem Globalen Pakt festgelegten Ziele und Verpflichtungen zu unterstützen, wobei wir im Geist der Solidarität die zentrale Bedeutung eines umfassenden und integrierten Ansatzes für die Erleichterung einer sicheren, geordneten und regulären Migration bekräftigen und anerkennen, daß wir alle Herkunfts-, Transit- und Zielländer sind. Wir verpflichten uns ferner, gemeinsam zu handeln, um die Herausforderungen, die sich jedem Land bei der Umsetzung dieses Globalen Paktes stellen, zu bewältigen, und unterstreichen die spezifischen Herausforderungen, vor denen insbesondere afrikanische Länder, am wenigsten entwickelte Länder, Binnenentwicklungsländer, kleine Inselentwicklungsländer und Länder mit mittlerem Einkommen stehen. Wir verpflichten uns außerdem,

GLOBALER MIGRATIONSPAKT · DOKUMENT

die wechselseitige Wirkung zwischen diesem Globalen Pakt und den bestehenden internationalen Rechts- und Politikrahmen zu fördern, indem wir die Umsetzung des Paktes an diesen Rahmen ausrichten, insbesondere an der Agenda 2030 für nachhaltige Entwicklung sowie der Aktionsagenda von Addis Abeba, und an ihrer Anerkennung dessen, daß Migration und nachhaltige Entwicklung mehrdimensional und interdependent sind.

[...]

Umsetzung

40–47 [...]

Weiterverfolgung und Überprüfung

[...]